ÄGYPTISCHE MYTHOLOGIE

ERZÄHLUNGEN AUS DEM ÄGYPTISCHEN PANTHEON

ADAM ANDINO

CONTENTS

EINLEITUNG: EINE KURZE GESCHICHTE DES ALTEN ÄGYPTEN

"Pharao, lass mein Volk ziehen!" Moses, eine Figur in den biblischen Texten, forderte einst Pharao Ramses auf, sein Volk, die Juden, aus ihrer Versklavung zu befreien. Als der Pharao sich weigerte, musste er sieben gewaltige Plagen und Schrecken über sich ergehen lassen, bevor er den Juden schließlich erlaubte, frei zu gehen. Dies ist zwar eine eindrucksvolle Geschichte in der Bibel, die von Brüderlichkeit und der Freiheit der Menschen handelt, aber sie zeigt auch die Geschichte der altägyptischen Kultur als eine voller Erniedrigung und Blasphemie. Aufgrund ihres polytheistischen religiösen Glaubens verunglimpfte das Christentum oft die alten Ägypter und ihr göttliches Recht auf Herrschaft.

Jede Kultur in der Geschichte hatte ihre eigene Darstellung von Sklaverei und Sklavenarbeit. Leider ist die Versklavung anderer kein neues Konzept, sondern scheint in der menschlichen Natur verankert zu sein. Die Auswirkungen der Sklaverei in der altägyptischen Kultur waren jedoch nicht so ausgeprägt, wie sie in religiösen und anderen Texten dargestellt wurden. Sklaven wurden zwar immer noch eingesetzt, doch handelte es sich dabei entweder um Kriegsgefangene, Gesetzesbrecher oder Menschen, die ihre Schulden nicht bezahlen konnten. Die Sklaven stammten nicht aus einer bestimmten Kultur, sondern bestanden hauptsächlich aus Menschen, die im Leben die falschen Entscheidungen getroffen hatten.

Die altägyptische Kultur war voller Leben, und das wurde auch gefeiert. Es war weithin bekannt, dass die alten Ägypter anderen Kulturen gegenüber feindselig eingestellt waren, aber das beruhte einfach auf dem Glauben, dass ihre Lebensweise anderen überlegen war. Von den Königen und Pharaonen bis hin zu den Bauern hatte jeder eine Rolle, die dazu beitrug, sie als Gesellschaft zu verbessern.

Die am längsten bestehende Zivilisation

Die altägyptische Zivilisation dauerte über 3000 Jahre und damit über 1000 Jahre länger als das berüchtigte Römische Reich. Ihre Zivilisation lag am Nil im nördlichen Teil Afrikas, was den Handel und andere wirtschaftliche Interessen förderte. Das Land war fruchtbar, so dass die Landwirtschaft und damit die Bauern einen enormen Vorteil für ihre Zivilisation darstellten. Das Land war auch reich an Mineralien und Baumaterialien wie Kalkstein und Granit, die zur weiteren Finanzierung ihrer Lebensweise beitrugen. Infolgedessen vergingen drei Jahrtausende mit dem Aufstieg und Fall eines Reiches und zahlreicher Dynastien, die dem König (und schließlich dem Pharao) das göttliche Recht zur Herrschaft über die Zivilisation verliehen.

Das göttliche Recht zu herrschen

Die Pharaonen erhielten ihre Macht einfach dadurch, dass sie in eine Dynastie hineingeboren oder eingeheiratet wurden. Nach ihren Traditionen war der Pharao für die gesamte Zivilisation verantwortlich. Die Könige und späteren Pharaonen wurden von den Göttern ausgewählt und erhielten zusammen mit anderen Mitgliedern ihrer Blutlinie das Recht, das Land zu regieren. Dies war auch der Grund für ihren verschwenderischen Lebensstil und ihren Reichtum.

Als Gott, König und Priester war der König dafür verantwortlich, dass es seinem Volk gut ging und es versorgt war. Dies wurde auch als *ma'at*, als Gleichgewicht und Harmonie, bezeichnet.

Im Gegensatz zu anderen Zivilisationen und Pantheons waren in der ägyptischen Kultur schriftliche Texte von größter Bedeutung. Schriftgelehrte oder Schreiber waren mit der Aufgabe betraut, alle Tagesereignisse niederzuschreiben und aufzuzeichnen, vor allem die der höheren Gesellschaftsschichten wie der Mitglieder des Hofes und des Königs. Für das gemeine Volk waren die täglichen Ereignisse der Oberschicht von größter Bedeutung und Interesse, aber auch einige Texte über das Leben der Bauern wurden dokumentiert.

Tägliches Leben für die Ägypter

Die Landwirtschaft, eine der wichtigsten Ressourcen für Handel und Gewerbe, beeinflusste das Leben vieler Ägypter. Die unterste Klasse waren die Bauern und Landwirte. Das hielt sie nicht davon ab, Handel zu treiben, und sie dankten den Göttern für die Gunst reicher Ernten. Wenn der Nil jedoch jeden Sommer Hochwasser führte, wurden auch sie mit der Arbeit an den Projekten des Königs beauftragt und dafür entschädigt. Zu diesen Projekten gehörte auch der Bau der Pyramiden.

Schmiedekunst und Handwerk galten als Handwerksberufe. Ähnlich wie in der heutigen Gesellschaft wurden diejenigen, die sich in ihrer Arbeit hervortaten, auch von den Königen selbst und anderen höher gestellten Mitgliedern der Gesellschaft für einen Auftrag in Betracht gezogen.

Das Militär im ägyptischen Königreich und im späteren Kaiserreich war für die Ausdehnung der Grenzen und die Eroberungen notwendig. Die ägyptische Armee war das erste organisierte Militärsystem, und sie konnte ihr Überleben sichern. Die Mitglieder der Armee wurden in der Regel eingezogen, wobei die

ranghöheren Generäle aus der Oberschicht stammten und die einfachen Sol-
daten Bauern und Landarbeiter waren. Wenn jemand in eine bestimmte Klasse
hineingeboren wurde, blieb er normalerweise in dieser Klasse. Im Falle des Mil-
itärs war es jedoch möglich, aufgrund von Kampffähigkeiten und Führungsqual-
itäten in den Rängen aufzusteigen.

Frauen hatten auch mehr Macht als in einigen der heutigen Gesellschaften.
Sie durften sich von ihren Ehemännern scheiden lassen, ein Geschäft besitzen,
Verträge mit Männern abschließen und hatten sogar das Recht auf Abtreibung.
Frauen konnten auch Priesterinnen sein und die meisten der Machtpositionen
innehaben, die Männer innehatten, wie z. B. das Priesteramt, aber sie konnten
sich nur den Kulten einer Gottheit desselben Geschlechts anschließen. Wenn
eine Frau mit einem Bauern verheiratet war, pflügte sie nicht die Felder, sondern war die Hausfrau und hatte die Aufgabe, die Kinder aufzuziehen. Frauen
gehörten in der Regel nicht der Armee an und wollten oft auch nicht zum Militär
gehen. Beide Geschlechter trugen Make-up, genauer gesagt *Kajal*, der im Grunde
genommen einem dicken Eyeliner ähnelt. Damit sollten Haut und Augen vor der
harten Sonne geschützt und die Blendung reduziert werden.

Die Anbetung der Götter

Die Ägypter hatten eine polytheistische Religion, d. h. sie glaubten an ein Pantheon mit vielen Göttern. Die Götter und Göttinnen kontrollierten jeden Aspekt
des Lebens, von der Landwirtschaft bis zum Wetter und sogar den Tod. Die
meisten Menschen gingen sogar barfuß, weil die Götter kein Schuhwerk hatten,
und sie wollten diesen Effekt widerspiegeln.

Eine der einflussreichsten Auswirkungen, die die Gottheiten auf die Bevölkerung
hatten, war der Bau der Pyramiden selbst. Die Pyramiden waren Gräber und
beherbergten alle Besitztümer des Königs für seine Reise ins Jenseits. Daher wurden riesige Gräber gebaut, um den Reichtum zu bewahren. Darüber hinaus war

auch die Konservierung der Körper wichtig. Mumifizierung und die Entfernung überflüssiger Organe, einschließlich des Gehirns, waren unerlässlich. Im Jenseits wurden die Könige dann von Anubis, dem Gott des Todes, beurteilt, indem er das Herz auf Dunkelheit prüfte, um festzustellen, ob sie würdig waren, in die Reihen der anderen Könige aufgenommen zu werden.

Neben dem Tod repräsentierten die Gottheiten auch die Bedeutung des Lebens und der Harmonie. Für jede Gottheit wurden Tempel errichtet, insbesondere für diejenigen, die eine größere Bedeutung hatten. Jede Gottheit hatte spezielle Riten, Rituale und andere zeremonielle Praktiken, die mit ihr und ihrer Macht verbunden waren. Die Magie wurde als Grundlage ihrer Macht angesehen, die nach dem ägyptischen Schöpfungsmythos sogar noch vor den Göttern selbst bestand.

Feste und Unterhaltung waren der Inbegriff von Frieden und Harmonie, die sich im Pantheon und in der Zivilisation widerspiegelten. Die meisten Feste und Feiern hatten einen religiösen Hintergrund, was auch bedeutete, dass die Menschen im Rausch feierten, der jeweiligen Gottheit dankten und um einen Gefallen für die Zukunft baten. Ein Beispiel für ein rauschendes Fest war das Bast-Fest, mit dem die Geburt von Bastet, der Göttin der Fruchtbarkeit, der Katzen und der Frauen, gefeiert wurde. Das Fest dauerte nur einen Tag, aber es war eines der beliebtesten. In einigen Texten wird behauptet, dass auf dem Höhepunkt des Festes bis zu 700.000 Menschen anwesend waren. Es war ein Tag voller Tanz, Trinken und Musik.

Die Götter und Göttinnen waren für die alten Ägypter ein wesentlicher Bestandteil des täglichen Lebens. Die Priester fütterten die Statuen der Götter, denen sie dienten, dreimal am Tag. Gebete und Rituale wurden täglich von allen Mitgliedern der Gesellschaft durchgeführt. Alle Formen der Schrift wurden als Aufzeichnung der Zeit betrachtet, und die Götter herrschten über ihre ewigen Bibliotheken. Die Götter herrschten über jeden Aspekt des Lebens und sogar über den Tod. Das nächste Kapitel enthält eine Liste der wichtigsten Gottheiten und ihrer Herrschaftsbereiche.

KAPITEL 1: 14 HAUPTGÖTTER UND -GÖTTINNEN

Das altägyptische Pantheon inspiriert auch heute noch Ehrfurcht und Kreativität. Unzählige Künstler haben sich von den Ägyptern inspirieren lassen, und Filme wie *"Die Mumie" haben* das Interesse an der ägyptischen Mythologie neu entfacht. Aufgrund der Fülle an mythologischen Überlieferungen und historischen Aufzeichnungen ist das ägyptische Pantheon eines der vollständigsten im Bereich der Mythologie. Vierzehn der wichtigsten Götter und Göttinnen werden im Folgenden aufgelistet und näher beschrieben. Einige dieser Gottheiten haben mehrere Namensschreibweisen, die ebenfalls aufgeführt sind.

Amun (Amon): Gott der Luft

Amun, in den späteren Jahren der Mythologie als Amun-Ra bekannt, war der Gott der Luft. Ursprünglich war Amun ein unbedeutender Fruchtbarkeitsgott und eine Schutzgottheit von Theben, aber in den späteren Schöpfungsmythen der Zivilisation war er einer der Schöpfer der Welt. Man glaubte, sein Name bedeute "der Verborgene", aber seine Etymologie ist nach wie vor ein Rätsel. Amun wurde gewöhnlich mit einer riesigen, zweigeteilten Krone dargestellt.

Nach der Hyksos-Schlacht, aus der die Ägypter siegreich hervorgingen, wurde Amun zu einem der wichtigsten Götter des Pantheons. Gegen Ende der Zivilisation wurde er mit Ra verschmolzen, was dazu führte, dass die beiden Gottheiten zu den mächtigsten Wesen der Mythologie wurden.

Anubis: Gott des Todes und der Einbalsamierung

Anubis ist vielleicht eine der berühmtesten aller Gottheiten. Dargestellt als Mann mit einem Schakalkopf, war er der Gott des Todes, genauer gesagt der Gott der Einbalsamierung und der Bestattungsvorsorge, und er war am bekanntesten für seine Rolle bei dem Ritual, das jede Seele nach dem Tod durchläuft. Man glaubte, dass er die Toten vor dem Ritual nicht nur durch die Halle der Wahrheit begleitete, sondern auch das Ritual selbst durchführte. Beim "Wiegen des Herzens" wurde das Herz des Verstorbenen mit der Feder von Ma'at, der Göttin der Gerechtigkeit, gewogen. War das Herz so schwer oder leichter als die Feder, wurde ihnen der Zugang zum Paradies im Jenseits gewährt. War es jedoch aufgrund der zahlreichen Ungerechtigkeiten in ihrem Herzen schwerer, dann wurde ihre Seele an Ammit oder den Seelenfresser verfüttert.

Anubis und seine Familie waren von Verrat gezeichnet. Sein Vater war Osiris, der Gott der Toten, und seine Mutter war Nephthys, die Göttin der Bestattungen. Nachdem Set, der sowohl der Ehemann als auch der Bruder von Nephthys war, sie verlassen hatte, zog Anubis zu Osiris und dessen Frau Isis. Die Vollendung dieses Mythos wird in Kapitel 4 behandelt.

Bastet (Bast): Göttin der Katzen und des Herdes

Bastet war, wie im Titel erwähnt, die Göttin des Herdes, der Fruchtbarkeit, der Geburten und natürlich der Katzen. Sie war die Tochter des Sonnengottes Ra und wurde oft mit Horus in Verbindung gebracht. Sie wehrte das Böse im Haus und für die Frauen und Kinder darin ab. In der Frühzeit der Zivilisation war sie eine Göttin, die als Frau mit einem Löwenkopf dargestellt wurde; im Laufe der Jahre wandelte sich ihre Darstellung zu einer königlich aussehenden Katze mit Ringen in der Nase.

Sie war bei den Ägyptern äußerst beliebt und dafür bekannt, dass sie denjenigen, die sie darum baten, während ihres Festes Gunst gewährte. Sie war ein Liebling der Frauen, besonders während des Festes in ihrem Namen. Außerdem war sie der Grund dafür, dass Katzen in dieser Zivilisation als heilig galten. Katzen durften aus keinem Grund verletzt werden, denn man glaubte, dass jede Katze ihre Inkarnation war.

Hathor: Göttin der Liebe und Freude

Hathor war eine weitere Tochter des Ra und somit die Schwester von Bastet. Sie war auch die Frau von Horus. Sie wurde oft mit Hörnern auf dem Kopf oder wie ein Vieh dargestellt und war eine mächtige Göttin. Sie war die Göttin der Freude, der Liebe, der Schönheit, des Feierns, der Frauen, der Geburten und sogar der Trunkenheit. Eine ihrer Aufgaben war es, die Seelen ins Jenseits zu führen, und sie verteidigte auch die Sonnenbarke des Ra vor Apep, ein Mythos, der in Kapitel 3 behandelt wird.

Heka: Gott der Medizin und der Heilung

Heka war einer der ältesten, aber wichtigsten Götter im ägyptischen Pantheon. Er war der Gott der Medizin und der Heilung, was ein wesentlicher Bestandteil der Kultur war. Ärzte und Mediziner verehrten diese Gottheit nicht nur wegen seiner Heilkräfte, sondern auch wegen seiner Herrschaft über die Magie. Da die Magie alle Aspekte der ägyptischen Kultur durchdrungen hat, wurde diese Gottheit auch als Quelle aller Macht im Universum angesehen.

Er war einer der ersten Götter, die es gab, sogar noch vor Ra. In späteren Mythen wurde er jedoch als der Sohn von Khnum und Menhet angesehen. Oft wurde er mit einem Stab dargestellt, den er immer bei sich trug, und spätere Mythen erzählten die Geschichte, wie sein Stab mit zwei Schlangen verwoben war.

Horus: Gott des Königtums

Horus hatte eine einzigartige Geschichte in seiner Entwicklung als Gott. In den frühen Jahren der altägyptischen Mythologie galt er als einer der fünf Götter im Schöpfungsmythos, der die Sonne, die Macht und den Himmel beherrschte. Er wurde entweder als Falke oder als Mann mit dem Kopf eines Falken dargestellt. Zu diesem Zeitpunkt war er als Horus der Ältere bekannt und galt als eine der wichtigsten Gottheiten neben seinen vier Geschwistern Osiris, Iris, Set und Nephthys.

Seine spätere Version, Horus der Jüngere, war die populärere der beiden. Als die Mythen von Horus dem Jüngeren an Bedeutung gewannen, stieg auch seine Popularität. In diesem Mythos war Horus der Sohn von Osiris und Isis. Er wurde auch mit der göttlichen Herrschaft in Verbindung gebracht, und man glaubte, dass alle Könige und Pharaonen die Inkarnation von Horus waren. Dies erklärte die vielen Dynastien der Zivilisation, und daher war jeder König zu Lebzeiten ein Kanal für den Gott. Auf den Mythos von Horus und seine Thronbesteigung wird in Kapitel 4 näher eingegangen.

Isis: Göttin der Geheimnisse und der Magie

Isis, die Göttin, die im Wesentlichen alle Aspekte der ägyptischen Zivilisation beherrschte, war als "Mutter der Götter" bekannt. Sie war die Ehefrau und Schwester von Osiris, und sie zeugten gemeinsam Horus den Jüngeren. Zu ihren anderen Geschwistern gehörten Set, Nephthys und Horus der Ältere. Sie kümmerte sich oft um die Menschen während ihres Lebens und begleitete sie ins Jenseits. Sie war die Göttin der Geheimnisse und der Magie und damit eine der mächtigsten Gottheiten im Pantheon. Ihre Mythen, insbesondere die, die sich um den Tod ihres Mannes Osiris drehten, gehörten zu den wichtigsten Geschichten der alten Ägypter.

In einer Darstellung von Isis und Horus dem Jüngeren sieht man sie, wie sie ihren Sohn in die Arme nimmt. In ähnlicher Weise wird in der christlichen Ikonographie die Jungfrau Maria dargestellt, die ihren Sohn Jesus wiegt. Da sie sich um die Menschen in jeder Lebensphase kümmerte, war sie ein wichtiger Teil des ägyptischen Pantheons und wurde von allen verehrt. Isis war eine der am längsten herrschenden Gottheiten in einem Pantheon, das von den frühesten ägyptischen Zivilisationen bis nach Griechenland und Rom reichte. Während des Römischen Reiches und seines Untergangs gab es einen Kult, der speziell der Isis gewidmet war. Dieser Kult war eine der Hauptquellen des Widerstands gegen den neuen christlichen Glauben. Infolgedessen beeinflusste ihr Abbild die christliche Religion durch Bilder von Maria und Jesus.

Ma'at: Göttin der Harmonie

Ma'at war das Herzstück der Kultur des alten Ägyptens. Ihr Name bedeutet übersetzt "Harmonie" - einer der wichtigsten Bausteine der Zivilisation. Sie war die Göttin der Gerechtigkeit, der Wahrheit und natürlich auch der Harmonie. Sie war auch diejenige, die den Wechsel der Jahreszeiten kontrollierte und die Sterne am nächtlichen Himmel aufstellte. Sie wurde oft als eine Frau dargestellt, die ein Diadem mit einer Straußenfeder trug. Sie begleitete alle Menschen auf ihrem

Lebensweg und war anwesend, wenn über ihre Seelen geurteilt wurde. Sie war im gesamten Pantheon eine verehrte Göttin.

Osiris: Gott der Unterwelt

Osiris, eine weitere berühmte Gottheit, war der Bruder von Isis, Set, Horus dem Älteren und Nephthys. Seine Frau war seine Schwester Isis, und er hatte zwei Söhne: Horus den Jüngeren und einen Adoptivsohn, Anubis. Als Gott des Todes und der Unterwelt war er an der Seite von Anubis mit der Aufsicht über die Unterwelt betraut. In der frühen Mythologie war er ein Gott der Fruchtbarkeit und wurde später der erste Herrscher über das ägyptische Volk. Er wurde oft als Mumie mit grünlich-schwarzer Haut dargestellt und einbalsamiert. Dies symbolisierte nicht nur seinen Umgang mit den Toten, sondern auch seinen Einfluss auf den Nil und damit auf die Fruchtbarkeit.

Im Buch der Toten, einem der berühmtesten Bücher aus der altägyptischen Epoche, wird er als einer der Richter beim Ritual der Herzenswägung nach dem Tod dargestellt. Er war eine der ersten Gottheiten, die die Auferstehung repräsentierten, und man glaubt, dass er den Isis-Kult des Römischen Reiches beeinflusst hat. Der Mythos, der sich um seinen Tod rankt, wird in Kapitel 6 ausführlicher behandelt.

Ptah: Gott der Wahrheit

Ptah galt in der altägyptischen Mythologie als der ursprüngliche Gott vor allen anderen. Die Erschaffung des Universums und der ersten Götter selbst war ein Teil seines Entwurfs. Er war der Gott der Wahrheit und die Schutzgottheit der Stadt Memphis um 3000 v. Chr.. Darüber hinaus herrschte er über die Handwerker und das Kunsthandwerk. Dazu gehörten auch die Architekten, die

Gebäude entwarfen und errichteten. Er wurde oft als Mumie mit einem Kopf-schmuck dargestellt.

Ra (Amun-Ra, Re, Atum): Gott der Sonne

Ra war neben anderen Göttern für die Erschaffung der Erde und ihrer Bewohner verantwortlich. Er war der Gott der Sonne und der oberste Schöpfer, um den sich mehrere Mythen ranken, darunter der Schöpfungsmythos. Er war dafür verantwortlich, dass sich der Tag in die Nacht verwandelte und umgekehrt, was zu einem Mythos über einen seiner Erzfeinde führte, Apep, die Schlange, die mit ihm um die Herrschaft über die Welt kämpfte. Ra wurde als Falke oder als Mann mit dem Kopf eines Falken dargestellt.

In den verschiedenen Texten und Übersetzungen des Schöpfungsmythos wurden Ra und Amun oft anstelle des jeweils anderen verwendet. In einigen Texten war Ra der oberste Schöpfer des Universums und des Landes, während andere behaupteten, er habe lediglich eine Rolle bei der Schöpfung gespielt. Ra galt als Vater von Tefnut und Shu, den Gottheiten der Hitze bzw. der Luft, aber nur in einigen Versionen des Mythos.

Seshat: Göttin der Schrift und des Messens

Seshat war die Göttin der Schrift, der Messungen, der Bücher und der Aufzeich-nungen. Sie galt als Schutzherrin privater und öffentlicher Bibliotheken und hieß alle willkommen, die das Lesen und Schreiben erlernen wollten. Ihr Ehemann Thoth war der Gott der Schrift und der Weisheit. Ihre Fachkenntnisse im Bereich der Messungen machten sie jedoch unvergesslich. Oft musste der König dieser Göttin Tribut zollen, um sicherzustellen, dass er die genauen Maße für jedes errichtete Gebäude nahm. Infolgedessen huldigten ihr auch die Baumeister und

Architekten. Obwohl sie keinen eigenen Tempel besaß, war sie auch für die Schriftgelehrten eine wichtige Gottheit. Seshat wurde mit einem Leopardenfell auf ihrem Gewand und einer Schreibtafel in der rechten Hand dargestellt, was ihre Liebe zum geschriebenen Wort symbolisiert.

Satz (Seth): Gott des Chaos

Set, oder Seth, war der berüchtigte Gott des Chaos, der Wüsten, der Stürme und des Krieges. Er war mit seiner Schwester Nephthys verheiratet und war der Bruder von Osiris, Horus dem Älteren und Isis. Gegenwärtig ist er jedoch vor allem als der erste Mörder in schriftlichen Texten bekannt. Set wurde als das notwendige Übel angesehen, um ein Gleichgewicht zu schaffen und ein Gegenspieler der wohlwollenden Götter Horus und Osiris zu sein. Oft wurde er mit den Hufen eines Stiers und dem purpurroten Körper einer Bestie mit gegabeltem Schwanz dargestellt, ähnlich wie die Christen ihre Satansfigur.

Set war ein unruhiger Gott, erfüllt von Wut und Eifersucht, die sich in der Ermordung seines Bruders entlud. Er hatte jedoch einen Erlösungsbogen. Als Teil seiner Wiedergutmachung unterstützte er Ra im nächtlichen Kampf gegen die Schlange Apep um die Vorherrschaft über den Himmel.

Thoth: Gott der Schrift und der Weisheit

Thoth war der Gott der Schrift und der Weisheit, zusammen mit seiner Frau Seshat. Er war die Gottheit, die die gesprochene Sprache schuf und der Erfinder der Hieroglyphenschrift. Ähnlich wie seine Frau gehörte er zu den Göttern, die von den Schriftgelehrten am häufigsten verehrt wurden. In einigen Texten wurde er als kleinerer Sonnengott neben seinem Vater Ra bezeichnet, andere wiederum behaupteten, er sei der Sohn von Horus dem Jüngeren. Er stand immer auf der

Seite der Menschen, was sogar so weit ging, dass er ihnen die Gabe der Sprache und der Schrift gab. In einigen Texten wurde er als Pavian dargestellt, meistens jedoch als Mann mit dem Kopf eines Ibis, eines pelikanähnlichen Vogels, der in subtropischem Klima lebt.

Thoth war nicht nur der Gott der Schrift, sondern auch der Gott der Weisheit und hatte Zugang zu Geheimnissen und Magie, den die anderen Götter nicht hatten. Daher galt er als eine der weisesten Gottheiten im Pantheon. Er war für das Wiegen der Herzen verantwortlich und meldete seine Ergebnisse an Anubis und Osiris, die dann über die Seele urteilten.

Es gibt zwar über hundert einzelne Gottheiten, die einen bestimmten Teil des menschlichen Lebens repräsentieren, aber es gibt auch viele, die sich in verschiedenen Bereichen überschneiden. Als Ganzes betrachtet, hatte jeder Gott oder jede Göttin einzigartige Perspektiven und Persönlichkeiten, unterschiedliche tierische Attribute und Ästhetik und sogar ihren eigenen Geschmack bei Kleidung und Selbstdarstellung. Mit über 3000 Jahren wechselnder Mythologien gibt es eine reiche Überlieferung zu diesem Pantheon. Im nächsten Kapitel werden wir mehr über die Kreaturen, Monster und Halbgötter dieser alten Mythologie erfahren.

KAPITEL 2: KREATUREN, UNGEHEUER UND HALBGÖTTER

Die Kreaturen, Ungeheuer und Halbgötter des ägyptischen Pantheons sind nur wenige. Jede der in diesem Kapitel vorgestellten Gestalten war eine wichtige Figur, die oft mit der Bewachung eines bestimmten Ortes betraut war oder sogar ein Tier darstellte. Viele der Kreaturen waren Chimären und lösten daher sowohl Ehrfurcht als auch Furcht bei denjenigen aus, die den Geschichten lauschten oder über sie lasen. Jede Kreatur, jedes Ungeheuer oder jeder Halbgott war mit einer Art magischer Kraft ausgestattet, die sie zur Verteidigung oder zur Schaffung von Chaos einsetzten.

Kreaturen und Ungeheuer

Wie in jeder Mythologie gibt es immer einen Abschnitt, der den vielen Mythen und Legenden der darin vorkommenden Kreaturen gewidmet ist. Das ägyptische Pantheon ist da nicht anders. Aufgrund der anthropomorphen Natur der Gottheiten selbst kann es schwierig sein, zwischen einer Gottheit und einem Monster zu unterscheiden. Einige der unten aufgelisteten Kreaturen können aufgrund ihrer Kräfte sogar als Gottheiten eingestuft werden, aber ihr Aussehen und ihre Geschichten wurden geschaffen, um Kinder dazu zu bringen, sich zu benehmen, und als solche sind sie hier aufgeführt. Im Folgenden sind einige der Kreaturen aus der ägyptischen Mythologie alphabetisch geordnet.

Ammit(Ammut)

Ammit war eine der Göttinnen der Unterwelt, aber sie war die oberste Richterin über die Güte der Seelen der Toten. Sie war eine Chimäre mit dem Kopf eines Krokodils, dem Körper eines Löwen und dem Hinterteil eines Nilpferds. Sie war auch als "Seelenverschlingerin" bekannt und spielte vor allem dann eine Rolle, wenn eine Seele von Sünde erfüllt war. Für das ägyptische Volk war sie nicht nur die Manifestation aller Raubtiere, sondern auch die Verkörperung der Angst vor einem zweiten Tod. Wenn eine Seele als unwürdig erachtet wurde, verschlang Ammit sie und schickte sie in ein flammendes Fegefeuer.

Apep (Apophis)

Apep spielte eine der Hauptrollen im Mythos von Ra und der untergehenden Sonne. Er war die Schlange, die jeden Morgen, bevor die Sonne am Himmel aufging, versuchte, Ra zu töten. Ra und mehrere andere Gottheiten durchquerten die Unterwelt, bevor sie sich zum Sonnenaufgang auf den Weg zum Horizont machten, wo Apep auf die verhängnisvolle Begegnung wartete. Apep galt als das komplette Gegenteil der Götter, die sich der Ordnung hingaben, und verkörperte Dunkelheit und Chaos. Einige Legenden besagten, dass Erdbeben dadurch verursacht wurden, dass Apep sich unter der Erde bewegte, und dass heftige Wüstenstürme darauf zurückzuführen waren, dass sich Apep und Set in einen Kampf verwickelten.

Man glaubte, dass die Schlange schon vor der Ankunft der Götter im Universum existierte, und er wollte, dass es in denselben Zustand zurückkehrt wie vor der

Existenz des Lebens. In einigen Texten wurde jedoch geschrieben, dass Apep nach Ra geboren wurde und aus seiner Nabelschnur hervorging. Diese Darstellung des Ursprungs von Apep war symbolisch für den ständigen Krieg zwischen Licht und Dunkelheit, Ordnung und Chaos.

Der Greifen

Die Ursprünge des Greifen waren oft von Geheimnissen umhüllt. Niemand weiß wirklich, woher er in der ägyptischen Mythologie stammt, aber sein Wesen wurde in andere Mythologien und Legenden übertragen. Die Kreatur war eine Chimäre mit dem Kopf, den Flügeln und den Krallen eines Adlers, aber mit dem muskulösen Körper eines Löwen. Der Greif hatte ein wildes Aussehen und galt als Symbol für Krieg und Tapferkeit. Er hatte aber auch noch zwei andere Eigenschaften: eine als Hüter von Schätzen und Geheimnissen, die andere als Verteidiger gegen böse Magie.

Es wurde eine Darstellung des Greifen gefunden, die auf etwa 3100 v. Chr. zurückgeht. Sie wurde auf einer Palette gefunden, die später "Zwei-Hunde-Palette" genannt wurde. Auf ihrer Oberfläche befand sich sowohl die Darstellung des Greifs als auch des Serpoparden, auf die wir im Folgenden eingehen werden.

Der Serpopard

Der Serpopard war eine weitere Chimäre, die Eigenschaften eines Leoparden und einer Schlange in sich vereinte. In seinen wenigen Darstellungen wurde er als eine Kreatur mit dem Körper eines Leoparden, dem langen Hals einer Schlange und dem Kopf entweder einer Schlange oder eines Leoparden gezeigt. Interessanterweise gibt es Spekulationen, dass es sich bei dem Kopf um einen Löwen statt um einen Leoparden handeln könnte, aber das bleibt ein weiteres Rätsel.

Wie beim Greifen ist auch für den Serpoparden keine Entstehungsgeschichte bekannt, aber es gab viele Inschriften auf Vasen und anderen Formen der Dekoration mit ihm. Man glaubte, dass er eine symbolische Darstellung des Chaos außerhalb der Grenzen des Königreichs war. Viele dieser Darstellungen zeigten, wie diese mythischen Wesen getötet wurden, um die Ängste vor dem Chaos jenseits des Königreichs zu besiegen. Es gab jedoch auch Darstellungen von zwei Serpoparden, deren Hälse ineinander verschlungen waren, was ebenfalls für Vitalität und Zusammenarbeit stand.

Sphynx

Die letzte Kreatur auf dieser Liste ist vielleicht die berühmteste. Die Sphynx wurde im ägyptischen Königreich durch den Bau ihres Abbildes in Gizeh neben den drei Pyramiden, die ausschließlich für Ra errichtet wurden, unsterblich gemacht. Aber auch in den Palästen und Tempeln war die Sphynx prominent vertreten, denn sie wurde in Wandmalereien dargestellt und sogar Statuen wurden ihr gewidmet.

Die Sphynx war eine weitere Chimäre, die sowohl aus menschlichen als auch aus tierischen Elementen bestand. Sie hatte den Kopf eines Menschen, der das Aussehen von Pharaonen und Königen widerspiegelte, und den Körper eines Löwen. Dieses Tier wurde jedoch auch mit Ra in Verbindung gebracht, da sie auch die Köpfe von Falken und Widdern hatten. Der Kopf eines Menschen - genauer gesagt eines Königs oder Pharaos - stand für die Macht, die der König besaß.

Die Sphynx war auch die Beschützerin der Gräber, was ihre Positionierung in der Nähe der drei Gräber in Gizeh erklärt. Sie ist vor allem dafür bekannt, dass sie im Rahmen einer Prüfung die Antworten auf drei Rätsel verlangte, um das Grab und die damit verbundenen Schätze und Geheimnisse zu betreten.

Halbgötter

Der Film *Die Mumie* inspirierte eine neue Generation von Archäologen, die unbedingt mehr über die altägyptische Kultur erfahren wollten. Der Film ist zwar völlig fiktiv, nimmt aber einige Quellen ernst und integriert sie in einen Action-Abenteuerfilm. Imhotep war ein echter Halbgott im altägyptischen Mythos, aber nicht so, wie er im Film dargestellt wurde. In diesem Abschnitt geht es um zwei bedeutende Halbgötter, die entweder Nebengötter sind oder nach dem Tod vergöttlicht wurden.

Apis

Apis war ein Stier, von dem man glaubte, er sei der Sohn des Ptah. Über diesen besonderen Halbgott ist nicht viel bekannt. Hauptsächlich war er jedoch der heilige Stier von Memphis und wurde als solcher verehrt. Er war kein Halbgott im traditionellen Sinne, aber er war dennoch eine Figur, die als heiliges Wesen verehrt wurde. Ursprünglich hatte Apis ein schwarzes Fell und war ein Symbol für Menschen mit einem starken Herzen, aber er war auch ein Herold des Ptah.

Imhotep

Imhotep wurde dank moderner Filme um 2600 v. Chr. als ziviler Beamter von König Djoser dargestellt, bevor er zur Gottheit aufstieg. Zu Lebzeiten war er für die Planung und den Bau der Stufenpyramide verantwortlich, die zu seinen

Lebzeiten errichtet wurde. Dies war eine so große Leistung, dass er als einer der berühmtesten Architekten des alten Ägyptens galt.

Nicht nur seine architektonischen Fähigkeiten waren gefragt, sondern auch seine Weisheit und sein Intellekt. Imhotep war der Autor vieler Texte über Weisheit, Medizin und sogar Mathematik. Ob Imhotep eine reale historische Figur war oder nicht, ist ein Rätsel, denn es gibt kaum Informationen über sein Leben, aber nach seinem Tod wurde er vergöttert. Im Laufe der Entwicklung von Geschichte zu Mythos und Legende wurde angenommen, dass Imhotep der Sohn von Thoth, dem Gott der Architektur, war.

Die Mischung aus Kreaturen und Göttern war oft ein schmaler Grat. Während viele der Kreaturen, Monster und Halbgötter in gewisser Weise selbst eine Gottheit waren, wurden sie oft als Wächter oder Symbole angesehen. Diese Symbole werden oft zu den Hauptthemen und Moralvorstellungen, die in den Mythen selbst enthalten sind. Aber wie hat das alles angefangen? Die Antwort darauf werden wir im nächsten Kapitel finden, in dem wir die Schöpfungsmythen des ägyptischen Pantheons besprechen.

KAPITEL 3: DIE SCHÖPFUNGSMYTHEN

Einer der faszinierendsten Aspekte des ägyptischen Schöpfungsmythos ist, dass er mehrere Varianten desselben Mythos enthält. Dies ist zu erwarten, da unterschiedliche Übersetzungen und Kontexte schwer zu bestimmen sind. Der Schöpfungsmythos besteht in diesem Kapitel aus drei Teilen, die jeweils eine Stadt mit ihrer jeweiligen Hauptgottheit darstellen. Diese Städte waren Hermopolis, Memphis und Heliopolis mit den Göttern Amun, Ptah bzw. Ra. Man kann sagen, dass jeder Mythos entweder auf dem anderen aufbaut oder sie können gleichzeitig stattfinden. Allerdings war - und ist - jeder Mythos offen für Interpretationen.

Schöpfungsmythos 1: Amun

Der erste Schöpfungsmythos handelt von der Anwesenheit des Amun. In Hermopolis, das den Ägyptern unter dem Namen Khemnu anstelle seines griechischen Namens bekannt war, war Amun ihre Version von Ra, dem herrschenden obersten Gott und Schöpfer des Universums. In dieser Version des Mythos war die Welt von Wasser umspült. Ursprünglich gab es seit Tausenden von Jahren nirgendwo ein Zeichen von Leben. In eben diesem Wasser begann jedoch die erste Schöpfung der Götter.

Der Ogdoad

Als das Wasser viele Jahre lang wirbelte, brachte der riesige Ozean schließlich acht übernatürliche Wesen hervor, die später zu Göttern wurden. Vier männliche und vier weibliche Wesen wurden aus der chaotischen Zerstörung der Wellen geboren. Jedes männliche und weibliche Wesen wurde in Paaren mit ähnlichen Namen und Eigenschaften zusammengeführt. Die Gottheiten, die aus der Tiefe aufstiegen, waren bekannt als Kek und Kauket, die Gottheiten der Dunkelheit und der Zweideutigkeit; Heh und Heuhet, die Gottheiten der Zeitlosigkeit; Nun und Naunet, die Gottheiten der frühen kosmischen Unordnung, die zu ihrer Geburt führte; und Amun und Amaunet, die Gottheiten der Luft und der Sonne.

Leider gibt es nur wenige Details, die den Mythos in erzählerischer Form illustrieren. Die Ägypter glaubten, dass der Rest der Schöpfung in einem mystischen Ei stattfand, das entweder einem Ibis oder einer Gans gehörte und die Geburt des Schöpfers aller Götter bedeutete. Zu diesem Zeitpunkt erlangte der Sonnengott Amun seine Macht und legte den Grundstein für die folgenden Mythen. Der Rest war offen für Interpretationen, vom Grund für die Existenz der Götter bis hin zu ihrem Aussehen.

Die ursprünglichen Bewohner von Hermopolis glaubten, dass diese Erzählung des Mythos das Geheimnis und die Intrigen der Anfänge der Götter symbolisieren und sogar für die Götter selbst repräsentativ sein würde. Weil dieser Mythos so geheimnisumwittert war, verkörperte er die Götter und ihren Mystizismus. Es wird jedoch angenommen, dass diese Gottheiten nicht nur die ältesten der Götter waren, sondern auch für die Erschaffung der Götter in der Ennead verantwortlich waren, die die nächste Generation der Götter darstellten.

Schöpfungsmythos 2: Ptah

Die Geschichte von Ptah begann in Memphis, das viele Jahrtausende lang das wichtigste Regierungszentrum des Reiches war. Während dieser Zeit tauchte der Gott Ptah auf und wurde nach den Überlieferungen in Memphis zur höchsten Gottheit. In diesem Mythos werden die Götter in ihrer menschlichen Gestalt als Ergebnis ihrer Geburt dargestellt.

Sprechen Sie mit dem Herzen

Diesem Mythos zufolge war Ptah das erste Wesen, das ins Leben trat. Zunächst war seine Existenz gleichbedeutend mit dem ersten Stück trockenen Landes in den Weiten des Ozeans. Nachdem er seine menschliche Gestalt angenommen hatte, erschien er recht stattlich zu sein. Er wurde oft als Mumie dargestellt, die einen Arm frei hatte, um ihren Stab zu halten. Außerdem hatte er einen rasierten Kopf und trug eine Schädeldecke.

Ptah war nicht nur unglaublich gut aussehend, sondern auch für seine architektonische Brillanz bekannt. Er schaute sich seine Umgebung an und wollte, da er sie kahl vorfand, einen bewohnbareren Ort für sich schaffen. Er stellte sich die Welt vor, die er wollte, und sprach sie mit seinem Herzen in die Existenz. Dies umfasste alle Landschaften und alles Leben, auch die Menschen.

Dies war jedoch ein Prozess. Eine seiner ersten Schöpfungen als Gott war es, mehr Wesen wie ihn zu schaffen. In einem Atemzug rief er Atum, Shu, Nephthys, Osiris, Iris, Tefnut, Nut und Set ins Leben. Diese Gottheiten repräsentierten sowohl die natürliche als auch die politische Ordnung und galten als die wichtigsten für Ptah.

Nachdem er die Götter erschaffen hatte, baute Ptah das Fundament Ägyptens, sowohl die physische Landschaft als auch die Menschen darin. Er schuf den Menschen und die Tierwelt, die Ägypten umgab. Dann beauftragte er die anderen Götter und Göttinnen damit, über die Menschheit zu wachen, aber er war der Aufseher über alles.

Schöpfungsmythos 3: Ra

Dieser Schöpfungsmythos ist vielleicht der vollständigste der drei. Der Mythos um Ra (Atum) ist runder und enthält viel mehr Details als die beiden vorherigen. Dank antiker Schriften wie den *Pyramidentexten* gibt es mehr Referenzmaterial, so dass mehr Details dieses Mythos bekannt sind. Heliopolis war zu diesem Zeitpunkt der Geschichte das Epizentrum für die Anfänge der Pharaonen. Infolgedessen wurde dieser Mythos zu einem der wichtigsten Schöpfungsmythen des Pantheons. In dem Mythos wurde Ra als Atum bezeichnet, daher wird Ra der Klarheit halber als Atum bezeichnet, um die ursprüngliche Wurzel der Mythologie beizubehalten.

Die Enneade

Nicht zu verwechseln mit Vergils *Aeneis*, dem epischen Gedicht, das das Leben des Aeneas beschreibt, war die Enneade die Kombination der acht Gottheiten, die nach der Existenz von Atum geschaffen wurden. Ähnlich wie im vorherigen Schöpfungsmythos von Hermopolis waren diese Gottheiten männliche und weibliche Gegenstücke in Paaren. Die Figuren in diesem Mythos unterscheiden sich jedoch vom Hermopolis-Schöpfungsmythos.

Am Anfang war die Welt in Dunkelheit gehüllt. Diese Dunkelheit war als die Leere bekannt, in der nichts - auch kein Licht - existierte. Die Leere war nichts als dunkles Wasser und wirbelte mit chaotischen Stürmen umher. Der Gott der Magie, Heka, wartete auf den richtigen Moment, um mit der Schöpfung zu beginnen. Als alles ruhig war, ließ der Wassergott Nu einen Hügel aus den wässrigen Tiefen des Ozeans aufsteigen. Dieser Hügel war auch als *Ben-Ben* bekannt, aus dem später Heliopolis wurde.

Von diesem Hügel aus erschien eine Gestalt aus einer Säule auf der Spitze des Ben-Bens. Er war in seiner sterblichen Gestalt und wurde von den Ägyptern als äußerst stattlich angesehen. Er blickte um sich herum auf das unendliche Nichts und erkannte, dass er allein war. Die Erschaffung der nächsten Gottheiten, Shu, des Gottes der Luft, und Tefnut, der Göttin der Feuchtigkeit, folgte als nächstes. In einigen Versionen des Mythos hatte er eine Beziehung zu seinem Schatten und brachte dann die Gottheiten zur Welt. Andere behaupten, dass Atum auf dem Hügel, auf dem die Säule stand, masturbierte und dass der Gott und die Göttin auf diese Weise geboren wurden. Eine andere Version behauptet, die Götter seien durch seine Spucke und sein Erbrochenes entstanden.

Die Geburt der Götter

Nachdem diese Götter geboren waren, hatten sie die Aufgabe, die Grundlagen der Ordnung und des Lebens auf der Erde zu schaffen. Die beiden verließen ihren Vater auf dem Ben-Ben und schufen die Grundlage allen Lebens und aller Ordnung. Ihr Vater war jedoch verärgert, weil er wieder einmal allein war. Er sandte sein linkes Auge aus, das später als das Auge des Ra bekannt wurde, und suchte nach ihnen. Als seine Kinder zurückkamen, um ihren Vater zu sehen und ihm sein Auge zurückzugeben, weinte Atum, weil er sich so sehr freute, sie zu sehen. Die dabei entstehenden Tränen fielen auf den Hügel und brachten den ersten Mann und die erste Frau zur Welt.

Da diese neuen Wesen nirgendwo leben konnten, paarten sich Tefnut und Shu und brachten Zwillinge zur Welt: den Gott der Erde, Geb, und die Göttin des Himmels, Nut. Die beiden schufen ein Heim für die neuen Wesen, damit sie sich weiterentwickeln konnten. Obwohl sie Geschwister waren, verliebten sich

Geb und Nut tief ineinander. Die beiden trennten sich nie und standen sich immer nahe. Dieser inzestuöse Unsinn musste nach Ansicht von Atum endgültig aufhören. Deshalb trennte er Geb und Nut für alle Ewigkeit. Er schickte Nut in den Himmel, während Geb auf der Erde standhaft blieb, und die beiden durften sich nie wieder berühren.

Einige der Darstellungen von Geb und Nut waren aufreizend, wobei viele der Darstellungen sexueller Natur waren. Eine Darstellung dieser Vereinigung im *Totenbuch* zeigte Geb nackt in seiner menschlichen Gestalt, wie er sich mit Nut verband, die ebenfalls nackt war, aber Sterne auf ihrer Figur trug. In der gleichen Darstellung begann Atum, das Paar zu trennen.

Nut war jedoch bereits mit ihren Kindern schwanger. Während sie im Himmel blieb, gebar sie ihre Kinder Osiris, Iris, Horus den Älteren, Nephthys und Set. Als die Kinder heranwuchsen, veränderten sich auch ihre Eigenschaften und Persönlichkeiten. Osiris, der Erstgeborene der fünf, erwies sich als Intellektueller mit juristischer Autorität. Set war der Vorbote des Chaos und war zutiefst eifersüchtig auf seinen Bruder. Isis war die selbstloseste der fünf und verdiente sich ihren Platz an der Seite von Osiris als seine Frau. Ihre Schwester Nephthys war das Gegenstück zu Isis' Charakter - das Gleichgewicht zwischen der Dunkelheit und ihrem Licht. Nephthys passte gut zu Set, denn auch Set war das genaue Gegenteil von Osiris. Horaz der Ältere, der Gott der Luft, wurde im Wesentlichen der nächste Atum.

Die Anfänge einer Rivalität

Als die menschliche Bevölkerung wuchs, wuchs auch das Bedürfnis nach Ordnung und Harmonie. Daher ernannte Atum Osiris und Isis zu den Gottheiten, die über das Land herrschen sollten. Atum musste sich um andere Dinge kümmern und überließ seinen Urenkel seinem Schicksal. Osiris regierte viele Jahre lang als Hauptgott der Ägypter und sorgte für eine lange Periode, in der alles friedlich und in Ordnung war. Dies sollte jedoch nicht von Dauer sein, denn Set war sehr eifersüchtig auf seinen Bruder. Dieser Mythos, der sich um Set und Osiris dreht, wird im nächsten Kapitel ausführlicher behandelt, zusammen mit den vielen Wendungen, die er mit sich bringt.

Schlussfolgerung

Dieses Kapitel umfasst die drei Mythen über die Erschaffung der Welt und Ägyptens. Das ägyptische Pantheon unterschied sich von Ort zu Ort, da es verschiedene Schöpfungsmythen gab. Da es drei verschiedene Städte mit ihren eigenen Schutzgöttern gab, die in dem Mythos die Hauptrolle spielten, unterscheiden sich die Mythen deutlich von einander. Auch wenn manche behaupten, der Mythos um Ra (Atum) sei der wichtigste, so tragen die vielen Facetten und Variationen doch nur zu seinem Reichtum bei. Im nächsten Kapitel wird der spannende Mythos von Osiris und Set enthüllt, der von Verrat, Ehebruch und Mord geprägt ist.

KAPITEL 4: DER ERSTE DOKUMENTIERTE BRUDERMORD

Die erste Aufzeichnung von Brudermord und Mord war die Inspiration für viele Geschichten in verschiedenen Mythologien der Welt. Wie im vorigen Kapitel erwähnt, kochte die Eifersucht Sets auf seinen Bruder in einer spannenden Geschichte über. Dieser Mythos drehte sich um die vielen Verrätereien von Set und seiner Schwesterfrau Nephthys gegenüber Osiris und Isis. Ihre Täuschung führte zu einer Zeit des Umbruchs und des Chaos in der antiken Welt.

Die Bürde der Eifersucht

Osiris und Set waren zwei der fünf Geschwister der Göttin Nut. Osiris bewies, dass er der beste Herrscher der fünf war und wurde zum obersten Gott von Heliopolis ernannt. Viele Jahre lang herrschte Frieden im Reich der Menschen und Götter. Osiris wies die Menschen an, die Felder zu pflügen, Haustiere wie Rinder zu halten und die richtigen Pflanzen zur richtigen Zeit zu pflanzen, und er sorgte für Recht und Ordnung unter den Menschen. Osiris galt als erster wahrer Pharao des Königreichs, der dafür sorgte, dass jeder seinen Teil zur Gesellschaft beitrug.

Man glaubte, dass seine Frau Isis den Frauen beibrachte, wie sie die von ihren Männern angebauten Feldfrüchte für die Zubereitung von Mahlzeiten nutzen konnten und wie man aus Stoffen Kleidung zum Schutz vor den Elementen und für die Mode webt. Sie lehrte die Frauen auch, wie sie Kinder aufziehen und sie vor Schaden bewahren konnten. Ihre magischen Fähigkeiten sorgten dafür, dass Männer und Frauen durch die Ehe zu gleichberechtigten Partnern wurden.

Set und Nephthys

Set war unendlich eifersüchtig auf die Herrschaft und die Macht seines Bruders. Je weiter die Jahre voranschritten, desto mehr wuchs sein Zorn und seine Eifersucht. Er war der Meinung, dass er bei der Wahl zum Anführer übergangen worden war, und er hatte sogar eine eigene Vision für die Gesellschaft.

Auch Nephthys war in ähnlicher Weise unendlich eifersüchtig auf ihre Schwester. Sie war nicht nur eifersüchtig auf die Macht des Lebens, die Isis besaß, sondern auch darauf, dass Isis mit ihrem attraktiven Bruder verheiratet war. Ihrer Rolle als alleinige Totengöttin überdrüssig, heckte Nephthys einen Plan der lustvollen Rache an ihrer Schwester aus.

Die erste Affäre

Nephthys hatte eine unermessliche lustvolle Leidenschaft für ihren Bruder Osiris. Eines Tages, als er allein war, verbarg Nephthys ihre wahre Identität und nahm die Gestalt der Isis an. Da sie auf Verführung aus war, war es ein Leichtes, Osiris vorzugaukeln, dass die wahre Isis diejenige war, die das Liebesspiel anstiftete. Die beiden hatten eine Affäre, ohne dass Osiris davon wusste, und Nephthys wurde bald mit ihrem Sohn Anubis schwanger. Sie hatte nicht damit gerechnet, dass dies geschehen würde, und wollte nur die Genugtuung, dass ihre Rache erfolgreich sein würde.

Nephthys verheimlichte die Schwangerschaft vor Set und dem Rest ihrer Familie. Sie fürchtete den Zorn Seths und wusste, dass, wenn er es jemals herausfinden würde, es sowohl für Anubis als auch für Osiris unermessliches Unheil bedeuten würde. Als Anubis geboren wurde, entdeckte Set ihren Verrat und ließ sie und das Kind im Stich. Sie übergab das Kind an Osiris und Isis, da sie um ihre Sicherheit und die ihres Kindes fürchtete.

Der Plan der Rache

Set war schon immer eifersüchtig auf seinen Bruder gewesen, weil er so viel Macht besaß und die Menschen liebte, doch als er von der Affäre seiner Frau erfuhr, kippte die Waage in Richtung zügelloses Chaos. Der Gott war zutiefst verärgert und verletzt über den Verrat seiner Frau an der Unantastbarkeit ihrer Ehe, so sehr, dass er Nephthys verließ, um seinen Racheplan zu verfolgen.

Mit jedem Jahr, das verging, plante Set den Tod seines Bruders. Er wusste, dass es bald geschehen musste, und jeder Augenblick, der verging, erfüllte ihn mit mehr Wut. Im Zuge seiner Rachevorbereitungen erhielt er heimlich die genauen Maße seines Bruders für eine verzierte Truhe, die mit bester Handwerkskunst gefertigt werden sollte. Während die Truhe gebaut wurde, schmiedete er einen Plan, wie er seinen Bruder dazu bringen könnte, die Truhe aus eigenem Antrieb zu betreten.

Als sich die Truhe der Fertigstellung näherte, plante Set jedes noch so kleine Detail, damit sein Plan funktionieren würde. Er beschloss, ein großes Fest zu veranstalten, zu dem Osiris und andere eingeladen waren.

Zeit für ein Festmahl

Dank der sorgfältigen Planung war Set in der Lage, ein Spiel zu entwickeln, um den Mord an seinem Bruder zu provozieren. Die Truhe sollte nach Beendigung des Festmahls im Mittelpunkt stehen. Nachdem alle anwesend waren, begann das Festmahl. Gelächter ertönte von den Wänden, und der Geruch des Essens war berauschend. Alle schienen sich zu amüsieren, und Set deutete an, dass er ein Spiel mit einem großen Preis am Ende organisiert hatte.

Als das Festmahl beendet war, verkündete Set, dass das Spiel beginnen würde. Er führte alle zum Standort der wunderschön verzierten Truhe, wo alle staunend standen. Set stellte ihnen das Spiel vor: Sie sollten herausfinden, für wen diese Truhe bestimmt war. Dann gab er ihnen den Hinweis, dass jeder hineinklettern und sehen müsse, ob sie ihm passe, um es wirklich herauszufinden.

Die Götter und Göttinnen wollten alle diese schöne Truhe haben, und so versuchten sie abwechselnd, in die Truhe zu steigen. Keiner passte hinein. Osiris, der neugierig war, ob er hineinpassen würde, war der letzte, der hineinkam. Er war schockiert und verkündete stolz, dass die Truhe ihm passte und er nun ihr stolzer Besitzer war.

In aller Eile schlug Set den Deckel auf Osiris nieder und schloss ihn darin ein. Set sagte den Zuschauern, dass er Osiris in sein Haus zurückbringen würde, damit er das Material darin in vollen Zügen genießen könne. Dies war jedoch nicht der Fall.

Anstatt den Gott des Königtums in seine Heimat zurückzubringen, warf Set Osiris in den Nil, wo er ertrank. Als er nach Heliopolis zurückkehrte, verkündete Set, dass Osiris tot sei, und ernannte sich selbst zum Herrscher. Mit dem Gott des Chaos als König verfiel die Welt in Verfall und Dunkelheit. Isis und die übrigen Ägypter trauerten über den Verlust ihres Königs.

Die Zerstückelung

Als Set von der Ermordung des Osiris zurückkehrte, ahnte Isis, dass ihr Mann tot war. In aller Eile machte sie sich mit Hilfe der Menschen auf die Suche nach ihrem Mann. Auf der Suche nach ihrem Mann stapften sie durch die überfluteten Gewässer des Nils. Schließlich fanden sie die berüchtigte Truhe in einem Baum in der Nähe einer Stadt namens Byblos. Als sie und ihre Helfer die Truhe entdeckten, nahmen sie sie aus dem Baum und fanden darin den Körper von Osiris. Als Dank für die Hilfe der Menschen gewährte Isis ihnen die Fähigkeit, Papyrus herzustellen, eine Erfindung, die den Menschen helfen sollte, wichtige Dokumente aufzuschreiben. Dieses Detail könnte jedoch später hinzugefügt worden sein, um das Hauptexportgut der Ägypter, den Papyrus, weiter zu festigen.

Den Körper vor einem zornigen Gott verstecken

Isis trug den Leichnam zurück nach Heliopolis, um ihn von den Toten auferstehen zu lassen. Sie versteckte den Leichnam an einem sicheren Ort und beauftragte ihre Schwester Nephthys mit der Bewachung des Leichnams. In der Zwischenzeit sammelte sie die notwendigen Zaubersprüche, Tränke und Zutaten, um eine vollständige Wiederauferstehung zu gewährleisten. Nephthys willigte bereitwillig ein, den Leichnam von Osiris zu bewachen; ihre Schuldgefühle wegen der früheren Affäre mit ihm hatten sich verfestigt, und sie wollte es bei ihrer Schwester wieder gutmachen.

Zu diesem Zeitpunkt wurde Set misstrauisch gegenüber Isis und war zutiefst besorgt, dass sie den Leichnam seines Bruders finden und versuchen würde, ihn wieder auferstehen zu lassen. Er suchte nach ihr, musste aber feststellen, dass sie fort war. Da er Isis' magische Fähigkeiten, ihre Intelligenz und ihren Einfallsreichtum kannte, beschloss er, seine Frau in die Enge zu treiben und sie zu fragen, ob sie die Leiche entdeckt hatte.

Mit großem Trotz log Nephthys und sagte ihm, dass Isis die Leiche nicht entdeckt habe. Doch Set wusste, wann seine Frau ihn täuschte. Er verhörte sie weiter, bis sie schließlich den Ort des Leichnams verriet und was Isis mit ihm vorhatte.

Das unaussprechliche Grauen

Nachdem er seine Frau gezwungen hatte, ihm den Aufenthaltsort der Leiche zu verraten, schritt Set zur Tat. Er beauftragte seine Handlanger, die Leiche aus ihrem Versteck zu holen. Es dauerte nicht lange, und die Schergen kehrten mit der Leiche zurück. Er scheuchte seine Männer weg und entschied sich für die einzig logische Methode, die Leiche zu entsorgen, um eine Wiederauferstehung zu verhindern. Er musste sie zerstückeln.

Er legte den Verstorbenen vor sich auf einen Tisch, wo er seinen Bruder in Stücke schnitt. In einigen Versionen dieses Mythos war die Anzahl der Stücke 14, während andere Versionen 42 behaupteten. Um das grausame Verbrechen noch deutlicher zu machen, wird in diesem Buch auf die letztere Version Bezug genommen.

Nachdem der Körper vollständig zerstückelt war, eilte Set zum Nil und verteilte die Überreste. Seiner Meinung nach war die Wiederauferstehung zum Scheitern verurteilt, wenn auch nur ein Teil fehlte. Stolz auf seine Leistung und zuversichtlich, dass Isis niemals alle Teile finden würde, kehrte Set in sein Haus zurück.

Auferstehung

In der Zwischenzeit kehrte Isis zu dem geheimen Ort zurück, nachdem sie alle notwendigen Ausrüstungsgegenstände zusammengetragen hatte, um Osiris von den Toten zurückzubringen. Als sie am Ort des Geschehens ankam, betrachtete sie den Anblick, der sich ihr bot. Die Truhe war aufgebrochen worden und der Körper ihres Mannes war verschwunden. Sie wusste, dass Set hinter diesem Verschwinden steckte, und sie fiel vor Trauer und Wut auf die Knie. Tränen liefen ihr leise über die Wangen, während sie weinte.

Nephthys hatte ihre Schwester weinend auf dem Boden vorgefunden. Sie schämte sich und fühlte sich schuldig, weil sie den Aufenthaltsort der Leiche verraten hatte. Da sie wusste, was Set getan hatte, informierte sie Isis. Sie entschuldigte sich zunächst dafür, dass sie ihrer Schwester die Chance genommen hatte, wieder mit ihrem Mann vereint zu sein, und schlug dann vor, dass sie gemeinsam nach den Überresten suchen sollten.

Isis stimmte der Vereinbarung zu und wollte jedes der 42 Teile finden. Als jedes Teil auf dem Nil an ihnen vorbeischwamm, vergruben sie es unter einem Hügel mit einem Wächter, der es vor Set und seinen Schergen beschützen sollte. Man glaubte, dass jedes Teil, das sie unter ihren Hügeln vergruben, die späteren 42 Provinzen Ägyptens darstellte; die Überlieferung besagt, dass die beiden Göttinnen diese Provinzen gegründet hatten.

Nachdem die meisten Teile gesammelt worden waren, bauten die beiden Göttinnen den Körper von Osiris wieder auf. Weitere Teile wurden gesammelt, bis alle bis auf eines gefunden waren: der Penis, der angeblich von einem Fisch im Fluss gefressen worden war. Doch die Göttinnen ließen sich nicht beirren. Isis fertigte einen Ersatz für den Penis an und brachte ihn an seinem Körper an. Anubis, der inzwischen erwachsen geworden war, half, seinen Vater wieder zum Leben zu erwecken, indem er ihn einbalsamierte und ihn weiter mumifizierte. Zusätzlich zu den Beschwörungsformeln, Tränken und Kräutern seiner Mutter erweckten Anubis und Isis ihn wieder zum Leben, allerdings nur für einen kurzen Moment. In diesem kurzen Zeitfenster wurde Horaz der Jüngere gezeugt.

Aufgrund seiner Unvollkommenheit konnte Osiris nicht mehr über das Land herrschen. Stattdessen wurde er damit beauftragt, in die Unterwelt zu gehen und seine neu gewonnene Macht über den Tod zu nutzen, um über die Seelen der Verstorbenen zu richten und zu herrschen.

Die Geburt von Horus dem Jüngeren

Isis war gezwungen, ihre Schwangerschaft vor Set zu verheimlichen, weil sie fürchtete, Set würde sie und ihr Kind töten lassen. Als es an der Zeit war, das Kind zu gebären, verzauberte sie es mit einem Schutzzauber, damit Set das Kind nicht entdecken würde. Sie nannte das Kind Horus, ein Kind, das dazu bestimmt war, dem Land Ägypten Frieden und Harmonie zu bringen. Das Volk und auch die Götter selbst sehnten den Tag herbei, an dem Horus seinen Onkel herausfordern und den Thron zurückerobern würde. Leider musste das Königreich lange darauf warten, bis Horus den Thron zurückerobern konnte.

Schlussfolgerung

Dieser Mythos war der erste seiner Art mit seinen vielen schockierenden und verstörenden Szenarien. Von Brudermord über Zerstückelung, Ehebruch und sogar Nekrophilie umfasste dieser Mythos eine ganze Reihe von Tabus und unerklärlichen Schrecken. Dieser Mythos diente nicht nur dazu, die Beziehung und die Dynamik der Götter zu erklären, sondern auch als warnendes Beispiel. Er warnte das Publikum vor den Gefahren intensiver Eifersucht und dem Chaos, das Eifersucht verursachen kann. Im nächsten Kapitel wird der Untergang Seths durch Horus den Jüngeren das Ergebnis dieser Eifersucht weiter veranschaulichen.

KAPITEL 5: DER KAMPF ZWISCHEN SET UND HORUS

Der letzte Teil dieses Mythos ist die Verkörperung des Kampfes zwischen Gut und Böse, Ordnung und Chaos. Die Rivalität zwischen Set und Horus galt als der intensivste und bitterste Konflikt in der gesamten ägyptischen Mythologie. Die beiden Gottheiten kämpften 80 Jahre lang gegeneinander, bevor einer von ihnen den Thron für sich beanspruchte. In der Zwischenzeit, bevor Horus erwachsen wurde, hatte Set seine Schergen ausgesandt, um den Aufenthaltsort von Isis und dem neuen Kind herauszufinden.

Die Kindheit des Horus

In den vielen Jahren des Wartens auf die vollständige Verwirklichung von Horus geriet das Königreich noch mehr in Unordnung. Dunkelheit und Verzweiflung überkamen das Land, und das Volk kämpfte ums Überleben. Nirgendwo war es sicher, und das Volk musste die von Set verursachte Lebensweise ertragen, einschließlich der schwangeren Göttin und ihres ungeborenen Kindes. Set erfuhr bald von der Schwangerschaft und rekrutierte seine Gefolgsleute, um Isis zu finden.

Versteckt im Verborgenen

Als Isis erkannte, dass Seths Schergen den Auftrag hatten, sie aufzuspüren und sie und das Baby zu töten, tauchte sie sofort unter. Ihre Schwester und der Gott Thoth halfen ihr dabei, Schutzzauber zu sprechen, damit Set sie nicht finden konnte. Isis war für ihre magischen Fähigkeiten und die Beherrschung von Zaubertränken bekannt und nutzte ihre Fähigkeiten, um potenzielle Bedrohungen abzuwehren. Sie versteckte sich und gebar in einem sumpfigen Abschnitt des Nils, in den sich nur wenige wagten, und konnte so ihren Sohn in Ruhe aufziehen. Sie nannte ihren Sohn Horus, um ihren Bruder zu ehren und als Hoffnungsträger für die Menschen in Ägypten.

Als das Kind erwachsen wurde, waren er und seine Mutter immer noch gezwungen, sich in den Eingeweiden des Sumpfes zu verstecken. Horus wuchs damit auf, dass seine Mutter ihm Geschichten über seinen verstorbenen Vater erzählte. Als er älter wurde, erklärte sie ihm die Abgründe des Betrugs seines Onkels. Während dieser Zeit wachten Isis und Horus übereinander und waren dankbar für die Beschwörungsformeln, die ihre Geheimhaltung unterstützten. Sets Gefolgsleute suchten vergeblich nach ihnen und kehrten stets mit leeren Händen zu Set zurück.

Set wusste, dass die beiden noch da draußen waren und darauf warteten, dass Horus erwachsen wurde. Er wusste, dass dies ein Rezept für seinen endgültigen Untergang war, also suchte er weiter nach ihnen. Er ließ sich nicht entmutigen, und sein Zorn flößte seinen Gefolgsleuten, die immer noch nach Beweisen für ihr Überleben suchten, Angst ein.

Die Kindheit von Horus war voller Gefahren. Obwohl er von den mächtigen Beschwörungsformeln seiner Mutter wusste, hatte er immer Angst, entdeckt zu werden. Die Gefahr lauerte hinter jedem Teil des Sumpfes. Leider gibt es keine bekannten Geschichten über die Kindheit von Horus und darüber, wie er die vielen Gefahren des Sumpfes und die Schergen von Set überwand.

Horus und Set treffen sich endlich

Als Horus volljährig wurde, löste Isis den Schutzzauber um das Paar. Er war zu einem gut aussehenden Mann herangewachsen, der über entsprechende kämpferische und intellektuelle Fähigkeiten verfügte. Doch er war nicht auf Liebe aus, sondern auf Rache. Er machte sich auf den Weg zum Thron, wo er seinen Onkel zu vielen Duellen herausforderte.

Die Geschichte von Horus' Reise zum Thron ist nicht in allen Einzelheiten bekannt, aber es schien, dass Set darauf wartete, dass er sich nach vielen Jahren des Versteckens zu erkennen gab. Set entledigte sich der zusätzlichen Wachen um sein Reich und wartete geduldig auf Horus' Ankunft auf dem Thron.

Set brauchte nicht lange zu warten. Er sah seinen zukünftigen Rivalen an, als dieser den Thronsaal betrat und sein Geburtsrecht einforderte. Set war amüsiert darüber, dass ein so junger Gott es wagen würde, ihn herauszufordern, aber er nahm die Herausforderung dennoch an.

Der Kampf um die Vorherrschaft

80 Jahre lang lieferten sich die beiden Götter kleinliche, erbitterte Rivalitäten und Wettkämpfe darüber, wer den Thron am meisten verdiente. Zunächst sollte der Streit durch einen Zweikampf beigelegt werden. Set war zuversichtlich, dass er seinen Konkurrenten aufgrund seiner langjährigen Existenz besiegen konnte. Horus' Fähigkeiten verblassten im Vergleich dazu aufgrund seiner mangelnden Erfahrung. Set war sich sicher, dass er dieses Duell gewinnen konnte.

Was Set nicht wusste, war, dass Horus seine Zeit im Verborgenen damit verbracht hatte, für genau diesen Moment zu trainieren. Außerdem war Horus wütend über die schlechte Behandlung seines Vaters, seiner Mutter und des gesamten Volkes von Ägypten. Er sehnte sich danach, dass im Königreich unter seiner Herrschaft wieder Gerechtigkeit und Frieden herrschten.

Die beiden lieferten sich einen Zweikampf, aber die beiden waren gleich stark. Jeder versuchte, den anderen zu besiegen, aber es war auf beiden Seiten vergeblich. Sie lieferten sich zahlreiche Duelle und versuchten, den anderen zu überholen, aber jedes Duell endete mit einem Unentschieden. Da sie einander nicht besiegen konnten, wandten sie sich an eine Dreiergruppe von Göttern, um den Streit ein für alle Mal beizulegen.

Der Kampf um den Thron

Nachdem Set und Horus ein Tribunal der mächtigsten Gottheiten des Reiches einberufen hatten, traten die drei Götter auf und hörten sich beide Seiten an. Jeder beanspruchte den Thron für sich, und die drei Götter Ra, Shu und Thoth, die Götter der Sonne, der Luft bzw. der Weisheit, hörten sich beide Fälle mit großem Interesse an. Sie erlaubten dem Gott des Chaos, als Erster zu sprechen. Set spinnte ein Märchen der Täuschung und behauptete, dass der Thron nach dem Tod von Osiris rechtmäßig ihm gehöre. Doch Horus ließ sich nicht entmutigen. Als er an der Reihe war, zu den Göttern zu sprechen, behauptete er, der Thron stehe ihm zu, nachdem sein Vater ermordet worden war.

Set war jedoch nicht überzeugt. Da Horus den Kopf eines Falken hatte, wies er die Dreiergruppe darauf hin, dass Horus kein guter Führer für Ägypten sein würde. Er behauptete, dass Horus den Untergang der ägyptischen Lebensweise herbeiführen würde, da Raben als Unglücksbringer galten und Horus aufgrund seines Vogelnatur eng mit ihnen verbunden war.

Während Thoth und Shu der Meinung waren, dass Horus den Thron erhalten sollte, war Ra nicht überzeugt. Da er der älteste Gott war und seine Meinung nicht zuerst geäußert wurde, gab er seine Stimme Set. Er behauptete, dass Set der Stärkere von beiden sei und dass seine Stärke für immer die Last der Verantwortung tragen würde. Außerdem hatte Set mehr Erfahrung als Herrscher als Horus.

Die Abstimmung erforderte jedoch, dass alle drei Götter die gleiche Meinung vertraten. Als sich die Götter nicht auf eine Abstimmung einigen konnten, führten sie das Konzept einer kleinen Reihe von Prüfungen ein. Wer die meisten Prüfungen gewann, wurde zum rechtmäßigen König erklärt.

Die erste Verhandlung: Hippopotami

Set dachte sich einen Wettbewerb aus, den nur er gewinnen konnte, und entschied sich für die erste Prüfung. Die erste Prüfung war ganz einfach: Die beiden Götter sollten sich in Nilpferde verwandeln und auf den Grund des Nils sinken. Wer am längsten die Luft anhalten konnte, würde gewinnen. Beide Götter verwandelten sich in Nilpferde und sanken auf den Grund des Nils.

Isis zweifelte an den Fähigkeiten ihres Sohnes. Sie wusste, dass Horus diese Prüfung gewinnen musste, um seine Position als rechtmäßiger Thronfolger zu festigen. Sie fertigte eine Waffe an, um Set zu verwunden, traf aber stattdessen Horus. Als sie ihren Fehler bemerkte, zielte sie auf Set und verwundete auch ihn. Beide Götter tauchten gleichzeitig aus der Tiefe auf, wodurch das Ergebnis ungültig wurde.

In seinem Zorn enthauptete Horus seine Mutter, weil sie sich eingemischt hatte. Die Dreiergruppe der Götter billigte diese Entscheidung nicht und weigerte sich, dieses Verhalten zu übersehen. Das Ergebnis wies Set als Sieger des Prozesses aus. Wütend stürmte Horus davon und wartete die nächste Prüfung ab. Nach der

Prüfung erweckte der gütige Gott der Weisheit Thoth Isis wieder zum Leben und gewährte ihr eine weitere Chance auf Leben.

Die zweite Verhandlung: Kampf um die Vorherrschaft

Ein Wort der Warnung: Der nächste Prozess ist ziemlich grafisch und nicht für jeden geeignet.

In der Nacht versuchte Set, Horus zu sodomisieren, um seine Vorherrschaft über den jungen Gott zu behaupten. Horus wollte diese Demütigung jedoch nicht zulassen. Er täuschte Set vor, dass sein Versuch erfolgreich war, aber Horus hatte stattdessen Sets Samen in seinen Händen gesammelt. Horus suchte Rat bei seiner Mutter Isis, die beim Anblick des Samens in den Händen ihres Sohnes diese abhackte und in den Nil warf. Aus Rache streute Horus seinen eigenen Samen auf einen Salat. Vor der Verhandlung schenkte Horus Set diesen Salat, der seine Lieblingsspeise war. Er aß den Salat, ohne zu wissen, was Horus mit ihm gemacht h atte.

Set hatte dafür gesorgt, dass der Tribun der Götter die Herrschaft über Horus beobachten konnte, indem er behauptete, seine Zeugen befänden sich im Körper des jungen Gottes. Dies war jedoch nicht der Fall. Als Set seine Zeugen rief, waren alle still. Daraufhin rief Horus seine eigenen Nachkommen als Zeugen an, und da sie sich im Körper des Seth befanden, war man sich einig, dass Horus den Prozess gewonnen hatte.

Der dritte Versuch: Bootsrennen

Sowohl Set als auch Horus hatten ihre Gruppen von Anhängern und Gläubigen. Das Göttertrio konnte jedoch kein faires Urteil fällen und so beschlossen sie eine letzte Prüfung: ein Bootsrennen. Die Prüfung war einfach: Boote mussten aus Stein gemeißelt werden und um die Wette fahren. Derjenige, der als Erster die Ziellinie überquerte, sollte als rechtmäßiger Herrscher Ägyptens gelten.

Die konkurrierenden Götter machten sich schnell an die Arbeit und bauten ihre Boote. Set fertigte ein wunderschönes Boot aus Stein an. Er war stolz auf sein Boot und glaubte, dass er das Rennen gewinnen könnte. Horus fertigte sein Boot aus Holz statt aus Stein und überzog es dann mit einem helleren Stein, um ihm das Aussehen von Stein zu geben.

Das Rennen begann, und Horus lag aufgrund des Auftriebs des Bootes in Führung. Seths Boot hingegen bewegte sich langsam und versank schließlich im Nil. Set wurde wegen seiner leichten Niederlage verspottet und verhöhnt. Horus beendete das Rennen, aber nicht bevor der Gott des Chaos sich in ein Nilpferd verwandelte und die Täuschung in Horus' Boot aufdeckte. Die Götter stimmten zu, dass Horus wegen Betrugs disqualifiziert wurde, während Set wegen unsportlichen Verhaltens disqualifiziert wurde. Daraufhin begann die letzte Verhandlung.

Die letzte Verhandlung: Briefe an Osiris

Die Götter konnten sich immer noch nicht einigen und waren der Meinung, dass der ursprüngliche Herrscher ein Mitspracherecht bei der Wahl des neuen Herrschers von Ägypten haben sollte. Jeder Gott wurde beauftragt, einen Brief an den Gott der Unterwelt zu schreiben, in dem er seine Ansprüche auf den Thron begründete.

Osiris las jeden Brief und fällte sein endgültiges Urteil. Er entschied zugunsten seines Sohnes, weil er der Meinung war, dass niemand das Recht hatte, über Ägypten zu herrschen, nachdem er den vorherigen König ermordet hatte. Die anderen Götter stimmten diesem Urteil zu, und Set wurde zur Verbannung in die Wüste verurteilt. Von nun an war er als Gott der Wüste und der Stürme bekannt.

Andere Nacherzählungen

In einigen Versionen des Mythos wurden zahlreiche Kämpfe zwischen Horus und Set unterschiedlich beendet. So behaupteten einige Versionen, dass Set nicht zur Verbannung verurteilt, sondern von Horus getötet wurde. Dies war zwar ein befriedigendes Ende der Schreckensherrschaft, die Set über die Ägypter gebracht hatte, aber es war nicht die einzige Version dieser Geschichte.

In anderen Versionen des Mythos wurde Horus als gütiger und verzeihender Gott dargestellt, und er und Set hatten sich darauf geeinigt, das Land in zwei Teile zu teilen, die jeweils ihre Herrschaft repräsentierten. Horus erhielt das Reich Oberägypten mit den wertvollsten Städten des Landes, während Set über Unterägypten herrschen durfte, das für seine Wüste bekannt war.

Die Nachwehen

Die Beseitigung von Set ermöglichte es dem Königreich, das Gleichgewicht und die Ordnung der Ägypter wiederherzustellen. Dies führte zu Frieden, der viele Jahre lang unter der Herrschaft von Horus andauerte. Als Horus Ägypten nach den Verwüstungen, die Seths Herrschaft angerichtet hatte, wieder aufbaute, konnte er Isis als regierende Königin und seine Tante Nephthys als seine Beraterin wieder einsetzen. Seine Anwesenheit im Königreich läutete eine neue Ära des Friedens ein.

Schlussfolgerung

Dieser Mythos war voller Action, Verrat, Demütigung und unentschlossener Götter, die am Ende die richtige Entscheidung trafen. Die vielen Kämpfe zwischen Horus und Set haben ihren Platz in der Geschichte als eine der kompliziertesten Prüfungen zur Bestimmung eines Herrschers gefestigt. Da Horus sich durchsetzte und als unbestrittener Thronfolger galt, überschattete das göttliche Recht zu herrschen alle vorherigen Zweifel. Da die nächsten Generationen von Königen und Pharaonen glaubten, sie stammten von den Göttern selbst ab, feierten die zukünftigen Könige Ägyptens Horus und betrachteten sich selbst als Horus, der wiedergeboren wurde. Dieser Mythos galt zwar als einer der größten und wichtigsten Mythen, warnte aber auch vor den Folgen, die das Begehen einer Todsünde haben kann. Mord und Vergewaltigung, insbesondere an einem jungen König, wurden damals mit harten Strafen geahndet.

Das nächste Kapitel wird ein Mythos sein, der von der Stimmung und vom Kontext her ein wenig leichter ist. Die nächste Geschichte handelt von Liebe und der Bedeutung von Geduld. Die Geschichte selbst kommt Ihnen vielleicht bekannt vor, also lesen Sie weiter, um herauszufinden, warum.

KAPITEL 6: DAS MÄDCHEN MIT DEN ROSENROTEN SCHUHEN

"Das Mädchen mit den rosenroten Schuhen" war eine Geschichte über schicksalhafte Liebende und Romantik. In diesem Mythos ging es um eine junge Griechin namens Rhodopis, die in einer ägyptischen Stadt versklavt wurde. Sie verlor einen kostbaren Gegenstand und befürchtete, dass er nie mehr zurückkehren würde, doch dann erschien ein überraschender Besucher an ihrer Tür und die beiden heirateten schließlich. Wenn Ihnen diese Geschichte ein wenig zu bekannt vorkommt, liegt das daran, dass dieser Mythos die erste schriftliche Wiedergabe des bekannten Märchens "Aschenputtel" war.

Die alten Ägypter glaubten, dass alle Aspekte des Lebens wichtig seien, und die Geschichten von Liebe und Romantik haben bei vielen Menschen einen großen Widerhall. Die alten Ägypter mögen morbide Tendenzen in ihren Erzählungen gehabt haben, aber eine ihrer Liebesgeschichten ist auch heute noch in der Populärkultur präsent.

Das versklavte Leben der Rhodopis

Dem Mythos zufolge war die Hauptfigur dieser Geschichte, eine schöne Griechin namens Rhodopis, eine junge, schüchterne und stille Frau. Die meiste Zeit ihres jungen Lebens war sie versklavt und wurde von reichen Männern gehalten. Sie musste oft kochen, putzen und sich um das Haus kümmern, ähnlich wie die anderen Sklaven auf der Insel, auf der sie gehalten wurde. Ihre Geschichte war anfangs recht tragisch, doch mit der Zeit gelang es ihr, das Herz eines ganzen Reiches zu gewinnen.

Von Piraten entführt und in die Sklaverei verkauft

Rhodopis hat ihre Eltern nie gekannt. Sie war von Piraten entführt worden, als sie noch sehr jung war. Die Piraten verkauften sie an einen Sklavenhändler in Griechenland, der von ihrer Entführung und schließlich ihrer Versklavung profitierte. Weil sie so klein war, wurde sie von den anderen Sklaven aufgezogen und versorgt. Der Mann, der sie kaufte, lebte auf der Insel Samos, wo er eine große Anzahl von Sklaven hatte.

Die junge Frau war ruhig und schüchtern, aber auch sehr freundlich. Sie war eng mit den anderen Sklaven befreundet, insbesondere mit Aesop. Aesop galt als hässlicher, alter, aber liebenswürdiger Mann, der immer Geschichten und Fantasien über wilde Tiere und Magie ausspuckte. Seine Geschichten zogen sie in ihren Bann. In diesen Momenten war ihr Kummer wie weggewaschen.

Als Kind träumte Rhodopis von einem Land, in dem sie von ihrer Versklavung befreit werden konnte. Als sie zu einer jungen, schönen Frau heranreifte, beschloss ihr Sklavenhalter, dass er von ihrer Schönheit profitieren könnte. Sie wurde gezwungen, ihr bisheriges Leben hinter sich zu lassen und in Ägypten das Eigentum eines anderen Mannes zu werden.

Das Sklavenschiff legte kurze Zeit später in der ägyptischen Stadt Naucratis an. Desorientiert wurde sie dann in einen Käfig geworfen, um in den Straßen der

Stadt zur Schau gestellt zu werden. Auf den Straßen lebten auch viele Griechen, um dem Pharao die Möglichkeit zu geben, Handel zu treiben. Der damalige Pharao hieß Amasis, und er betrachtete diese Hafenstadt als einen der wichtigsten Häfen für den Handel, zu dem auch der Sklavenhandel gehörte. Außerdem hatte er Angst und wollte seine Verbündeten stärken, damit sie sich gegen das persische Reich wehren konnten.

Die Stadt war fast vollständig von der griechischen Kultur geprägt, aber es lebten auch noch viele Ägypter dort. In der Mitte von Naucratis blühte der Sklavenhandel.

Als sie sich in der Stadt umsah, schien es, als sei alles für die junge Rhodopis verloren. Als die anderen Sklaven versteigert wurden, fürchtete sie ein Schicksal, das schlimmer als der Tod war. Doch ein alter Grieche, der in der Menge lauerte, war auf ihre Schönheit aufmerksam geworden. Als die Versteigerung begann, erhöhte der alte Mann das Gebot und kaufte sie.

Charaxos

Als der alte Mann seine Beute einforderte, sagte er, sein Name sei Charaxos. Er war ein reicher Kaufmann, der sich nach einem Leben im Handel mit Ägypten in die Stadt zurückgezogen hatte. Charaxos war von ihrer Schönheit beeindruckt, wie alle anderen auch, und chauffierte seinen Preis nach Hause. Statt zu schweigen, erzählte sie ihm stattdessen die Chronik ihres bisherigen Lebens. Die Erzählung rührte Charaxos zutiefst, und er hatte sogar Mitleid mit der armen jungen Frau. Er wollte ihr helfen, so gut er konnte, und mit der Zeit nahm er die Rolle eines Vaters an.

Das neue Leben des Luxus

Charaxos war sofort überwältigt, als er die bleiche Schönheit mit dem dunklen, wallenden Haar und den rosigen Wangen erblickte. Sie war wie eine neu entdeckte Tochter für ihn, und er gab ihr alles, was sie wollte. Obwohl Charaxos nie Kinder hatte, fühlte er sich zu ihr hingezogen und wollte sie beschützen. Mit der Zeit kamen sich die beiden näher. Sie waren beide glücklich. Zu den Geschenken, die er ihr machte, gehörten ein Haus mit einem Garten im Hof in der Mitte des Hauses, Sklaven, die sie bedienten, sowie zahlreiche Kleider und Schmuckstücke.

Die rosa-roten Pantoffeln

Eines der Geschenke, die sie am meisten schätzte, war ein wunderschönes Outfit mit einem Paar rosafarbener Schuhe und einem mit Juwelen verzierten Gürtel. Dieses Outfit trug sie oft zu den verschiedenen Partys und gesellschaftlichen Anlässen, in die sie nun eingeweiht war. Abgesehen von diesem Outfit verbrachte sie die meiste Zeit draußen im Garten. In der Mitte des Gartens stand eine wunderschön verzierte Marmorbadewanne, in der sie badete und die Natur beobachtete.

Ort des Verbrechens

Es war ein typischer Tag in unserem Haushalt. Rhodopis nahm im Sommer oft mitten am Tag ein Bad, um sich abzukühlen. Sie zog sich im Innenhof aus, während die Sklavinnen das Bad für sie vorbereiteten. Sie legte ihre Pantoffeln und ihren Gürtel auf den Tisch auf der anderen Seite des Hofes. Sobald das Bad eingelassen war, bewachten die Sklavinnen ihre wertvollsten Besitztümer.

Sie lag in der Badewanne und genoss das kühle Wasser auf ihrer Haut. Sie stellte sich hin, um die Natur zu beobachten, wie sie es gewöhnlich tat, als plötzlich ein Adler herabstürzte und einen der Schuhe mit seinen Krallen packte. Die Sklavinnen zerstreuten sich schnell und rannten aus Angst und Schreck davon. Auch

Rhodopis war schockiert. Sie stand in ihrem Bad auf, als der Adler seine Beute einforderte, aber so schnell wie er gekommen war, verschwand er auch wieder. Die junge Rhodopis stieß einen Schrei des Entsetzens aus. Sie sah dem Adler nach, wie er in Richtung Nil zu einem unbekannten Ziel davonflog. Verzweifelt verließ sie das Bad und weinte in ihrem Zimmer.

Ankunft des Schicksals

Der Adler flog nach Memphis, wo der Pharao Amasis in seinem großen Hof saß und seinen Wählern zuhörte. Er hatte ein offenes Ohr für ihre Probleme und traf Entscheidungen auf der Grundlage der Frage, wie er sein Volk am besten schützen und versorgen konnte. Die Aufgabe konnte entmutigend sein, aber er wollte nur Gesundheit, Glück und Harmonie für die Ägypter.

Derselbe Adler landete vor dem König und versperrte ihm die Sicht auf einen der Bauern, die vor ihm standen. Der Adler ließ den Schuh vor ihm fallen und starrte ihn einige Augenblicke lang an, bevor er sich schließlich in die Lüfte erhob.

Amasis umklammerte den Schuh, der vor ihm lag. Er glaubte, dies sei ein Zeichen von Horus, dem Gott der Pharaonen, und untersuchte den Inhalt des Schuhs genau. Er war gut verarbeitet, aus teurem Material und mit komplizierten Details, einschließlich der kleinen und zarten Juwelen, die die Außenseite auskleideten; er wusste, dass der Besitzer des Schuhs ebenso exquisit sein würde.

Er verkündete seinen Willen, die Besitzerin des Schuhs zu finden, ihn ihr zurückzugeben und sie als seine Braut nach Memphis zurückzubringen. Er schickte seine Boten in alle Städte Ägyptens und blieb in Memphis, bis seine zukünftige Braut entdeckt wurde.

Ein neues Leben in Luxus

Nach mehreren Monaten wurde der Pharao ungeduldig, weil er von seinen Boten
keine Nachricht erhielt. Sie hatten weit und breit nach einem Besitzer mit dem-
selben Schuh gesucht, aber ohne Erfolg. Einige Familien versuchten, den Schuh
zu fälschen, aber jede Behauptung erwies sich als falsch. Schließlich verbreitete
sich das Gerücht, der wahre Besitzer des Schuhs sei eine junge Griechin, die
mit einem der reichsten Männer von Naucratis zusammenlebte. Einer der Boten
berichtete dem Amasis von dem Gerücht. Im Vertrauen auf seine Berater setzte
er die Segel in Richtung der großen Stadt und schwor, nicht eher nach Memphis
zurückzukehren, bis er den rechtmäßigen Besitzer des Schuhs gefunden hatte.

Die Liebenden vereinigen sich endlich

Amasis und einige seiner Boten legten am Hafen von Naucratis an. In der Stadt
angekommen, fragte er einige Passanten auf der Straße, wo er die Frau mit dem
rosaroten Schuh finden könne. Einige von ihnen waren neu in der Stadt, aber eine
Sklavin wusste, wo die junge Griechin wohnte. Sie gab dann Amasis und seinen
Männern den Weg vor. Die Sklavin erzählte, die junge Frau sei einst eine Sklavin
wie sie selbst gewesen, aber dann habe ein Mann mit einer guten Seele sie gekauft
und sie wie eine lang vermisste Tochter behandelt. Amasis wusste, dass diese Frau
die richtige Besitzerin war, und erleichtert ging er zum Haus von Rhodopis.

Rhodopis war zu Hause im Garten, als sie ein Klopfen an ihrer Tür hörte. Da sie
niemanden erwartete, öffnete sie vorsichtig die Tür und war sehr überrascht, den
Pharao vor ihrer Haustür zu sehen.

Amasis war von ihrer Schönheit überwältigt. Dann zeigte er ihr den Schuh,
der einige Monate zuvor gestohlen worden war. Sie schrie vor Erleichterung,
dass ihr kostbarer Pantoffel endlich zu ihr zurückgekehrt war. Als sie ihren Fuß
ausstreckte, streifte Amasis den Schuh über ihren zarten Fuß und stellte fest,

dass es wirklich ihrer war. Rhodopis bat daraufhin ihre Sklaven, den Zwilling des Schuhs zu holen, damit die beiden wieder zusammengeführt werden konnten.

Ein ungewöhnlicher Heiratsantrag

Nachdem sich bestätigt hatte, dass Rhodopis die Frau war, die er gesucht hatte, ordnete er an, dass sie mit ihm nach Memphis zurückkehren und seine Königin werden sollte. Das war ein Angebot, das sie nicht ablehnen konnte. Das Wort des Pharaos war nicht nur Gesetz, sondern sie fühlte sich auch sehr zu ihm hingezogen. Mit Hilfe ihrer Sklaven packte sie schnell ihre Sachen und verabschiedete sich von Charaxos, der sich gut um sie gekümmert hatte. Charaxos zögerte, sie gehen zu sehen, aber er wusste, dass für sie gesorgt sein würde.

Als die beiden nach Memphis zurückkehrten, heiratete Amasis Rhodopis. Es hieß, dass das Paar bis zu ihrem Tod ein Leben in Harmonie, Gesundheit und Luxus genoss. Der Legende nach starben sie am selben Tag, um gemeinsam durch das Jenseits zu reisen.

Die andere Version

In anderen Varianten dieses Mythos handelte es sich eher um eine wahre Geschichte vom Tellerwäscher zum Millionär, die der tatsächlichen Geschichte von Aschenputtel ähnlicher ist. In dieser Version war Rhodopis immer noch versklavt, aber nicht von einem freundlichen und sanften alten Mann. Stattdessen war sie oft gezwungen, ihre Pantoffeln vor den anderen Sklaven zu verstecken, die in Versuchung kamen, sie zu stehlen. Für sie waren die Schuhe der einzige Teil ihres früheren Lebens, an den sie sich erinnern konnte. Sie konnte sich nicht daran erinnern, was sie mit ihr und ihrer Familie verband, da sie ihnen in sehr jungem Alter weggenommen wurde.

Sie lebte und arbeitete in einem großen Haus an einem der Nilufer, das stark mit Sklaven bevölkert war. Die männlichen Sklaven und die Männer, die das Haus besuchten, bewunderten ständig ihre Schönheit. Die anderen Sklavinnen waren eifersüchtig auf die Aufmerksamkeit, die sie bei den Männern erregte, und glaubten, dass sie auch eine gewisse Arroganz besaß. Die junge Rhodopis war still und schüchtern und reagierte kaum auf die Annäherungsversuche der Männer.

Die Sklaven wussten, dass Rhodopis einen unbezahlbaren Schatz besaß: rosarote Schuhe und zarte Juwelen. Die eifersüchtigen Frauen versuchten, den Schatz zu finden, aber Rhodopis versteckte ihn zu gut.

Das geheime Versteck

Nach einem langen Arbeitstag holte sie oft die Pantoffeln aus ihrem Versteck und beobachtete, wie die Juwelen das Licht von Sonne und Mond einfingen. Sie war fasziniert von den vielen Farben, die von den Juwelen ausstrahlten. Wenn sie zufrieden war und sich ihre Laune gebessert hatte, legte sie sie wieder in ihr Versteck zurück, bis sie sich das nächste Mal besser fühlen musste.

Eines Nachts gelang es ihr nicht, einzuschlafen. Die Nacht war ruhig, und sie beschloss, die Juwelen an ihren Schuhen im Mondlicht zu betrachten. Rhodopis ging dann zu ihrem Versteck, wo sie das Licht bewunderte, das auf den Juwelen schimmerte. Das Licht verzauberte sie, und ihre Sorgen waren für einen kurzen Moment verschwunden. Als sie die Schuhe zurückstellte, kam ein Adler vom Nachthimmel herab und stahl einen ihrer Schuhe. Als sie merkte, dass der Schuh für immer verloren war, ging sie zurück in ihr Bett und weinte, bis sie einschlief.

Die (fast) gleiche Auflösung

Die Haupthandlung der Geschichte blieb in dieser Version die gleiche, aber es gab einige Unterschiede. Einer der Berater von Amasis fand ihren Aufenthaltsort heraus und ließ sie den Schuh innerhalb von vier Tagen anprobieren. Der Berater war von ihrem Aussehen angetan und wusste, dass der König dankbar für die Existenz einer solchen Frau würde. Der Pharao war sofort in sie verliebt, als er sie zum ersten Mal sah, und sie heirateten bald darauf.

Als der Berater bei dem Haus ankam, antwortete eine der anderen Sklavinnen. Er erkundigte sich nach der Sklavin, die einen auffälligen roten Schuh mit Juwelen verloren hatte. Seiner Meinung nach würde diese Frau keine Möglichkeit haben, den Zwilling des Schuhs zu besitzen; wenn es sich um eine falsche Behauptung handelte, würde sie bestraft werden.

In dem Glauben, der Pharao sei im Haus, um Rhodopis für die Aufbewahrung eines so wertvollen Erbstücks zu bestrafen, begleitete sie den Berater, der dann einen Beweis dafür verlangte, dass sie tatsächlich die Besitzerin des Schuhs war. Daraufhin zeigte Rhodopis dem Berater, wo sie den anderen Schuh versteckt hatte. Der Berater war erstaunt, dass die Sklavin tatsächlich die Wahrheit sagte, und befahl ihr, ihm nach Memphis zu folgen, um Königin von Ägypten zu werden.

Die Familie, der sie diente, war verärgert darüber, dass eine ihrer Sklavinnen entführt worden war, aber der Berater schenkte ihnen einen Armreif aus reinem Gold als Bezahlung für sie. Daraufhin wurde sie zurück nach Memphis gebracht, wo sie den Pharao heiratete und ein glückliches Leben mit ihm führte.

Schlussfolgerung

Nicht in allen Mythen des ägyptischen Pantheons ging es um Tod und Dunkelheit. Die alten Ägypter waren zwar vom Tod fasziniert, aber er beherrschte ihr Leben nicht völlig. Sie glaubten auch, dass die Liebe an sich eine mächtige Kraft sei. Dem Mythos zufolge war die Liebe ein Geschenk, das von den Göttern gewährt und gesegnet wurde. Dieser Mythos hat jedoch den Test der Zeit überstanden. Nicht nur, dass dieselbe Geschichte über viele Generationen hinweg mit vielen Variationen erzählt wurde, sondern der Glaube an ein glückliches Ende war ein frischer Wind in den vielen Mythen, die sich um Gewalt drehten. Im nächsten Kapitel jedoch steht die Gewalt wieder im Mittelpunkt des Mythos.

KAPITEL 7: DAS AUGE DES HORUS

Das Auge des Horus ist ein weithin bekanntes Symbol für Heilung, Schutz und Allwissenheit. Der Mythos erzählt die Geschichte, dass der Verlust seines Auges die Schuld von Set in ihren vielen Schlachten und Prüfungen war. Es ist nicht verwunderlich, dass der Verlust seines Auges von Set verursacht wurde, wenn man bedenkt, dass die beiden 80 Jahre lang in Konflikt standen. Der Mythos weist mehrere Varianten auf, einschließlich der grafischen Details der Geschichte oder deren Fehlen. Es gibt mehrere widersprüchliche Erzählungen, und in diesem Kapitel werden zwei der Versionen besprochen. Jeder Mythos unterscheidet sich von den anderen in vielen Details, von der Gottheit, die das Auge rekonstruiert hat, bis zum Ort seines Verlustes.

Kampf um das Königreich

In Kapitel 5 wurde die Geschichte von Horus und Set und ihrem Kampf um die Macht erzählt. Set wurde in einigen Mythen als Lügner und Inbegriff des Bösen und der Eifersucht dargestellt. Während die Persönlichkeit von Set bereits bekannt ist, ebnete er den Weg für eines der bekanntesten Symbole aller Zeiten.

Der Verlust des Auges im Kampf

Set und Horus lieferten sich oft einen Kampf um die Vorherrschaft und das Recht, über Ägypten zu herrschen. In einer Version des Mythos war der Verlust des Auges das Ergebnis eines Betrugs von Set, der versuchte, seinen Anspruch auf den Thron geltend zu machen. Die beiden lieferten sich einen Sparringkampf. Es hieß, die beiden seien ebenbürtig gewesen, aber Set wollte sicherstellen, dass er den Anspruch auf den Thron gewinnt.

Einmal war Set fast in der Lage, Horus in einem bewaffneten Zweikampf vollständig zu überwältigen. Mit einer raschen Bewegung riss Set seinem Gegner das linke Auge heraus. Horus krümmte sich vor Schmerzen. Set freute sich schadenfroh über seinen leichten Sieg. Doch Horus ließ sich nicht zum Narren halten. Als Set abgelenkt war, schlug Horus ihm in die Leistengegend und zerriss ihm die Hoden. Dem Tribunal zufolge befanden sich die Götter wieder einmal in einer Pattsituation.

Thoth konnte das Auge vollständig wiederherstellen, und Sets Hoden erholten sich vollständig, ohne dass auch nur eine Narbe zurückblieb. Dem Mythos zufolge war das linke Auge mit dem Mond und seinen abnehmenden und zunehmenden Zyklen verbunden. Da das Auge von Thoth vollständig wiederhergestellt wurde, wurde es als die Wiederherstellung der Ordnung aus dem Chaos angesehen.

Die Scherben aufsammeln

In einem anderen Mythos wurde Horus sein Auge von keinem Geringeren als Set entfernt, als er schlief. Nach einer der Schlachten, in denen Horus besiegt wurde, legte er sich an einen abgelegenen Ort und schlief schließlich ein. Im Schutze der Dunkelheit schlich sich Set an den schlafenden Horus heran und riss ihm das Auge aus. Horus erwachte mit einem Schreck und schrie vor Schmerz.

Er konnte Set nicht sehen, aber er wusste, dass der Gott des Chaos hinter dem Angriff steckte.

Als er siegreich war, zerriss er das Auge in sechs Teile und verstreute sie im Nil, nicht unähnlich der Art und Weise, wie er den Körper von Osiris so viele Jahre zuvor behandelt hatte. Die Teile schwammen den Nil hinunter und er glaubte, dass er bei ihrem nächsten Kampf nicht besiegt werden würde.

Horus holte sich die Hilfe von Hathor, der Göttin der Liebe. Sie durchsuchten den Nil nach allen Teilen des Auges, konnten aber nur fünf der sechs Teile finden. Horus und Hathor beauftragten daraufhin Thoth, die zerbrochenen Teile wieder zusammenzusetzen. Thoth nahm die Teile in die Hand und fügte ein magisches Element hinzu, so dass Horus sowohl das Unsichtbare als auch das, was kommen würde, sehen konnte.

Schlussfolgerung

Das Auge des Horus war ein wichtiges Symbol in der altägyptischen Kultur. Aufgrund seiner magischen Kraft und der symbolischen Bedeutung des Schutzes war das linke Auge des Horus ein fester Bestandteil der altägyptischen Kultur. Es wurde in Amulette eingearbeitet, um den Träger zu schützen, und wurde sogar auf Boote gemalt, um sie vor den Gefahren des Meeres zu schützen. Das Auge des Horus mit seinen vielen mystischen Kräften, darunter auch die Fähigkeit, alles zu sehen, hatte großen Einfluss auf die ägyptische Zivilisation und wird auch heute noch häufig verwendet. Ein anderes Auge, das oft mit dem Auge des Horus verwechselt wird, wird im nächsten Kapitel in einem Mythos über die Zerstörung und das mögliche Ende der Menschheit behandelt.

KAPITEL 8: DAS AUGE DES RA

Das Auge des Ra, das Ra's rechtes Auge war, sollte nicht mit dem Auge des Horus verwechselt werden, obwohl einige Texte die Symbole vertauschen. Das Auge des Ra war ein weiteres Symbol für Macht, Schutz und die Sonne, im Gegensatz zum Auge des Horus, das den Mond repräsentiert. Seine vielen Kräfte überschnitten sich jedoch mit denen des Auges des Horus, was zu Verwechslungen führte. Das Auge des Horus wurde immer durch eine Scheibe symbolisiert, die die Sonne darstellt, und durch ein Paar Uräuskobras, die die Scheibe umkreisen. Ein Mythos von Ra hob sich von den anderen ab und betonte seine zerstörerische Kraft.

Die Beinahe-Zerstörung der Menschheit

Das Auge des Ra war nicht nur ein Symbol für die Macht der Pharaonen, sondern illustrierte auch die zerstörerische Kraft der Sonne. In einigen Versionen des Mythos stellte das Auge des Ra auch die Göttinnen dar, die mit Ra verwandt waren, wie Hathor, Nut und andere. Hathor war jedoch die Göttin, die in diesem Mythos die Hauptrolle spielte. Das Auge wurde als Waffe gegen die Menschheit eingesetzt, nachdem Ra von den Menschen, die er erschaffen hatte, enttäuscht worden war, was das Ende seiner Schöpfung bedeutete.

Das Werk des Sets ist vollendet

Nach dem Tod von Osiris begrüßte Set eine neue Ära von Menschen mit negativen Eigenschaften wie Krieg, Hungersnot, Mord und sogar Gier. Der Aufstieg von Set hatte alle früheren Gesetze außer Kraft gesetzt, und die Welt wurde in einen Sturm des Chaos gestürzt. Nachdem Horus den Thron zurückerobert hatte, gab es viel zu tun, und die Götter und Menschen begannen, das Reich wieder aufzubauen.

Doch das Werk von Set war bereits vollbracht. Während die physischen Aspekte des Landes wieder aufgebaut wurden, geriet die Menschheit als Ganzes in tiefe Bedrängnis. Die einst reinherzigen Ägypter trugen nun eine Dunkelheit in sich, die nicht mehr rückgängig gemacht werden konnte. Sie waren im Grunde nur noch die Hülle dessen, was sie einmal waren, und in ihnen verbargen sich die Eigenschaften von Korruption und Brutalität. Es gab keine Rückkehr zum Licht, nachdem sich die Dunkelheit in die Herzen der Menschen geschlichen hatte.

Die Enttäuschung des Sonnengottes

Dem Mythos zufolge war der Sonnengott Ra auf die Erde zurückgekehrt, nachdem er mit der Erschaffung des Universums fertig war. Er war begeistert, zu sehen, wie weit sich die Zivilisation entwickelt hatte und welche Fortschritte sie in seiner Abwesenheit gemacht hatte. Stolz auf seine Errungenschaften und seine Schöpfung kehrte er auf die Erde zurück. Doch als er zurückkehrte, war das Reich nicht mehr dasselbe, wie er es verlassen hatte. Sofort erkannte er die eitrige Korruption seiner Schöpfung.

Der Sonnengott war sehr enttäuscht über seine Schöpfung. Sie waren nicht nur weit von der Entwicklung entfernt, die er vorausgesagt hatte, sondern es gab auch noch Anzeichen für Sets verderblichen Einfluss. Einige der Gebäude waren immer noch baufällig, es roch deutlich nach getrocknetem Blut, das vergossen worden war, und die Augen der Menschen sahen gequält und verängstigt aus, anstatt glücklich und zufrieden.

Anstatt sich in seine Schöpfung einzufühlen, wurde Ra wütend. Zu dieser Zeit hatte er das Ausmaß von Sets Macht noch nicht erkannt und war daher wütend auf die Menschen, die zu nichts anderem als Wilden geworden waren. Infolgedessen befahl er den Völkermord an seinem Volk.

Das Auge des Ra

Um das Volk vollends zu bestrafen, rief Ra Hathor an. Mit der Kraft seines Auges verwandelte er die sanfte, liebende Göttin in eine Vorbotin des Todes namens Sekhmet. Sekhmet war eine Kriegsgöttin mit dem Kopf einer Löwin auf dem Körper einer Frau. Ra befahl ihr, jeden Menschen zu töten, der sich ihr in den Weg stellte.

Sekhmet massakrierte viele Menschen in Ägypten ohne Reue und genoss die Erfüllung ihrer Pflicht. Je mehr Blut sie vergoss, desto mehr verlangte sie danach.

Ra sah zunächst mit Vergnügen zu, wie Sekhmet die Menschen abschlachtete, die ihr im Weg standen. Doch ihr blutrünstiger Zorn hatte lange genug angehalten. Die Göttin zeigte keine Anzeichen, aufzuhören, und das mörderische Glitzern in ihren Augen wurde mit jeder Tötung heller. Ra, der von Schuldgefühlen und Sorgen über das Ende seiner Schöpfung übermannt wurde, rief sie zurück. Sie hörte nicht auf seine Warnung, und der Sonnengott war gezwungen, die Göttin zu bändigen.

Unterwerfung von Sekhmet

Es würde nicht einfach sein, sie zu überwältigen. Ra entwickelte daraufhin eine Idee, die aus Bier und rotem Farbstoff bestand, um sie in den Schlaf zu wiegen. Sobald Bier und Granatäpfel gesammelt waren, wurde der Plan in die Tat umgesetzt. Insgesamt wurden über 7000 Gallonen Bier und Granatapfelsaft gesammelt, und er mischte den Saft mit dem Bier, um ihm die gewünschte karmesinrote Farbe zu geben, die dann in der Stadt verteilt wurde. Sekhmet trank dann die alkoholische Mischung.

Nachdem sie sich satt gegessen hatte, fiel Sekhmet aufgrund des hohen Alkoholgehalts in einen tiefen Schlummer. Der Legende nach schlief sie drei Tage lang und wachte erfrischt auf. Nachdem sie aufgestanden war, entfernte Ra sein Auge von Sekhmet und sie kehrte zur Göttin Hathor zurück. Obwohl der Großteil der Menschheit verschlungen worden war, konnten sie sich wieder aufbauen. Ra schwor, nie wieder so drastische Maßnahmen gegen seine Schöpfung anzuwenden.

Schlussfolgerung

Der Mythos von Ra und seinem Auge ist nicht so bekannt wie das berühmte Symbol des Auges des Horus. Der Mythos veranschaulicht jedoch die zerstörerische Kraft seines Auges, das dann als Schutzsymbol verwendet wurde. Dieses Schutzsymbol und seine zerstörerische Kraft haben seinen Platz in der Geschichte gefestigt.

Die alte ägyptische Zivilisation war einst eine Weltmacht, und es ist leicht zu verstehen, warum. Mit ihren Ressourcen und ihrer Macht über die Menschen repräsentierten die Ägypter eine Zeit in der Menschheitsgeschichte, in der Mythen und Legenden das Herzstück des Glaubenssystems der Menschen waren. Dies spiegelte sich in allen Bereichen wider, von den Begräbnisriten bis hin zu den vielen Dynastien, die an das göttliche Recht zu herrschen glaubten. Die Zivilisation mit ihren vielen Gottheiten im Pantheon und ihren Mythen und Legen-

den ist eine der interessantesten Zivilisationen, die noch immer Ehrfurcht und
Staunen hervorruft. Auch wenn das alte Ägypten immer noch viele Geheimnisse
birgt, bietet seine Mythologie faszinierende Lektionen und Abenteuer.